A REVOLUÇÃO
PROGRAM
NEUROLING

PARA O ALCANCE DE METAS E OBJETIVOS
POR LUAN FERR

Revisão
Virginia Moreira dos Santos
Projeto gráfico e diagramação
Arthur Mendes da Costa
Capa
Anderson Casagrande Neto

Dados Internacionais de Catalogação na Publicação
Santos, Luiz Antonio dos
A REVOLUÇÃO DA MENTE / Luiz Antonio Dos Santos.
Ed. do Autor, 2023.
Esoterismo brasileiro I. Título.
Índices para catálogo sistemático:
1. PNL

Capítulo 1

Introdução à Programação Neurolinguística

A Programação Neurolinguística, frequentemente abreviada como PNL, é uma área de estudo que se dedica a examinar as conexões entre processos neurológicos, linguagem e padrões de comportamento aprendidos ao longo da vida. Seu foco está na análise dos processos internos e das estruturas mentais que influenciam o sucesso pessoal.

Na década de 1970, dois americanos, Richard Bandler, matemático, e John Grinder, linguísta, foram os pioneiros na criação dos fundamentos da PNL. Inspirados por profissionais notáveis, como o psicoterapeuta Fritz Perls e a hipnoterapeuta Virginia Satir, eles perceberam que era possível modelar as estratégias que esses profissionais de excelência utilizavam.

Estudando os padrões linguísticos e comportamentais desses profissionais, Bandler e Grinder foram capazes de isolar elementos-chave que poderiam ser aprendidos e aplicados por outras pessoas para melhorar sua comunicação e desempenho. Dessa forma, a PNL nasceu.

A base da PNL se sustenta na relação entre processos neurológicos, padrões linguísticos e comportamentais e o desempenho humano. A PNL parte do princípio de que a excelência pode ser alcançada ao modelar as estratégias usadas pelos melhores profissionais em várias áreas.

Para compreender essas relações complexas, a PNL utiliza conhecimentos da linguística, psicologia cognitiva, cibernética e teoria dos sistemas. Seu foco principal está na análise dos processos mentais bem-sucedidos, buscando transformá-los em habilidades que podem ser aprendidas por qualquer pessoa.

Alguns dos princípios-chave da PNL incluem a ideia de que mente e corpo funcionam como um sistema cibernético integrado, que as pessoas criam modelos internos da realidade, que comportamentos e comunicações refletem esses modelos mentais, e que há diferenças individuais na forma como as pessoas representam suas experiências em seus modelos mentais.

A PNL oferece uma variedade de ferramentas e técnicas que foram desenvolvidas com base na análise de profissionais de destaque. Estas incluem o estabelecimento de rapport, modelagem, o metamodelo da linguagem, sistemas representacionais, ancoragem, estratégias do Modelo Milton, configurações da Linha do Tempo, entre outras que serão detalhadas ao longo deste livro.

A PNL encontra uma ampla variedade de aplicações práticas nos campos da saúde, educação, comunicação, negócios, esportes e desenvolvimento humano. Ela oferece ferramentas para melhorar habilidades interpessoais e alcançar metas pessoais e profissionais.

Na área da saúde, a PNL é utilizada para lidar com hábitos prejudiciais, dor, depressão, ansiedade e vícios. Profissionais treinados em PNL incorporam essas ferramentas em suas abordagens para facilitar mudanças.

No contexto educacional, os princípios da PNL auxiliam no aprimoramento do processo de aprendizagem e na superação de obstáculos. Técnicas como ancoragem, modelagem e configurações da Linha do Tempo são aplicadas para otimizar o desempenho dos alunos.

Quanto à comunicação e liderança, a PNL analisa os padrões de excelência na oratória e influência interpessoal com o objetivo de melhorar habilidades de liderança, negociação, vendas, networking e apresentações públicas.

Empresas fazem uso de treinamentos baseados na PNL para aprimorar as competências de gerenciamento e os relacionamentos interpessoais entre seus funcionários, contribuindo para um ambiente de trabalho mais produtivo.

No esporte, atletas e treinadores utilizam as ferramentas da PNL, como ancoragem e modelagem, para melhorar o desempenho e lidar com a pressão e a ansiedade antes das competições.

A nível pessoal, a PNL auxilia no autoconhecimento, na definição de metas, no autogerenciamento, na motivação e na mudança de hábitos prejudiciais para criar relações e uma vida mais satisfatória.

Embora a PNL tenha enfrentado críticas ao longo dos anos devido à falta de pesquisas científicas que comprovassem sua eficácia, evidências recentes estão começando a fornecer um respaldo sólido para seus princípios fundamentais. Estudos, como uma pesquisa na Áustria em 2015 que utilizou ressonância magnética funcional, indicaram que as pessoas têm ativações cerebrais diferentes com base em seus sistemas representacionais predominantes, confirmando um dos conceitos-chave da PNL.

Além disso, uma pesquisa em 2016 com estudantes universitários demonstrou que a modelagem de excelentes comunicadores por meio de vídeos melhorou significativamente o desempenho dos participantes em apresentações orais.

Evidências científicas recentes também sustentam o uso de metáforas, imagens mentais e linguagem figurativa para alterar percepções, influenciar comportamentos e facilitar o aprendizado, como propõe a PNL.

Portanto, ao invés de rotular a PNL como uma pseudociência, é mais produtivo considerá-la como um campo de desenvolvimento humano em constante evolução que pode se beneficiar da ciência para expandir suas aplicações. Apesar das críticas, a popularidade e a utilidade prática de muitas das ferramentas da PNL são incontestáveis. Milhares de pessoas relatam mudanças positivas em suas vidas após participarem de treinamentos e atendimentos.

De fato, uma das razões para o amplo interesse na PNL é que muitas de suas técnicas oferecem resultados práticos e relativamente rápidos para lidar com problemas e desafios pessoais e profissionais.

A modelagem, por exemplo, é um processo acelerado de aprendizado, que desperta o interesse de profissionais e estudantes em melhorar seu desempenho em áreas como oratória, vendas e liderança. Da mesma forma, a utilização de âncoras para ativar estados emocionais positivos tem se mostrado eficaz para atletas, artistas e quaisquer pessoas interessadas em autogerenciamento e autoexpressão.

Outro exemplo é o metamodelo de linguagem, que oferece um método objetivo para identificar distorções e ambiguidades na comunicação, aprimorando a clareza na expressão verbal e escrita.

Essas e outras técnicas da PNL atraem grande interesse devido ao seu potencial em gerar mudanças práticas na vida real, apesar de suas bases teóricas não estarem completamente validadas pela ciência convencional.

Paralelamente às pesquisas em andamento para validar a PNL, novas abordagens, como a neurosemântica e a PNL integrativa, estão sendo desenvolvidas para consolidar e expandir o conhecimento nesse campo.

A neurosemântica busca integrar as técnicas da PNL com conhecimentos mais sólidos de neurociência, linguística contemporânea e psicologia positiva, com o objetivo de aprimorar as aplicações da PNL com uma base científica mais robusta.

A PNL integrativa, por outro lado, combina os princípios da PNL original com conceitos atuais sobre sistemas humanos, gestão de mudanças, coaching e desenvolvimento integral da pessoa, proporcionando modelos atualizados de mudança e crescimento.

Essas inovações demonstram que a PNL, assim como qualquer campo do conhecimento humano, não é um sistema fechado, mas uma área aberta, multifacetada e em constante evolução.

Novas abordagens da PNL estão sendo desenvolvidas para se conectar de forma mais dinâmica e aberta com as ciências, a cultura e as demandas contemporâneas por abordagens eficazes de mudança, comunicação e desenvolvimento pessoal. Portanto, a PNL é uma área integrativa, com raízes interdisciplinares, dedicada ao estudo da excelência humana e da transformação construtiva. Ela continua a evoluir tanto em termos teóricos quanto práticos.

Seus críticos podem argumentar que a PNL carece de pesquisas científicas que comprovem suas técnicas, mas as evidências estão se acumulando e os praticantes alegam que os relatos positivos de milhares de pessoas são significativos e não podem ser ignorados.

No cruzamento entre ciência e experiência, a PNL oferece um conjunto sofisticado de ferramentas, insights e habilidades para enriquecer a compreensão sobre mente, linguagem, comunicação e o potencial transformador da aprendizagem modelada.

Desde que seja usada por pessoas éticas, a PNL é uma abordagem prática que facilita mudanças positivas e expande os repertórios de comportamento.

A PNL combina teoria e prática para examinar o que permite que algumas pessoas se destaquem e alcancem excelência em habilidades específicas. A partir dessa base, ela oferece ferramentas para acelerar o aprendizado, modelando e integrando os padrões de sucesso de modelos vivos de excelência.

A PNL convida as pessoas a se conhecerem melhor e a identificarem suas habilidades excepcionais, que podem ser expandidas para novas áreas de interesse pessoal ou profissional.

Com uma abordagem sistêmica, ela também explora como as pessoas influenciam umas às outras por meio da linguagem, das emoções, da comunicação não verbal, das crenças compartilhadas e da dinâmica de grupos.

Estudando casos biográficos, a PNL investiga de forma prática e objetiva como os mais bem-sucedidos em cada campo constroem e integram seus mapas mentais, emocionais e comportamentais, depois, usando a técnica da modelagem, transfere as estratégias excepcionais para aqueles que desejam aprender, economizando tempo, dinheiro e esforço em comparação com a tentativa e erro na busca pelo aprimoramento.

Ao compreender, influenciar e reestruturar padrões da mente, linguagem e comportamento, a PNL oferece chaves instantâneas para modificar crenças limitantes, lidar com conflitos, superar traumas, renovar hábitos e alcançar metas. Mais do que um conjunto de técnicas, a PNL representa uma filosofia e uma atitude que apreciam, estudam e replicam as grandes habilidades humanas. Ela reconhece sua natureza como aprendiz constante e seu potencial para a autortransformação.

A PNL representa um caminho de aprimoramento pessoal e relações mais produtivas que combina autoconhecimento, tecnologias comportamentais aceleradas e celebração da diversidade de talentos humanos.

É uma abordagem elegante para enriquecer sua vida não apenas com maior qualidade em suas realizações externas, mas também com mais leveza, significado e bem-estar em seus espaços internos de reflexão e escolha consciente.

A PNL une e integra os melhores recursos da mente, corpo, intuição e espírito para lembrar de seu potencial de viver uma vida extraordinária, deixando legados singulares e elevando a cultura da excelência humana.

Os Três principais Pilares da PNL, serão explorados detalhadamente ao longo deste livro, são: Comunicação Efetiva, Calibração e Rapport, e Sistemas Representacionais.

Em linhas gerais, o primeiro pilar, Comunicação Efetiva, é a espinha dorsal da PNL. Trata-se da arte de transmitir mensagens de maneira clara, persuasiva e impactante. A PNL se aprofunda na análise das sutilezas da linguagem e da comunicação não verbal, buscando entender como as palavras, tom de voz, expressões faciais e gestos influenciam a percepção e o entendimento nas outras pessoas. Aprender a se comunicar de forma eficaz é fundamental não apenas para estabelecer conexões mais profundas com as pessoas ao seu redor, mas também para influenciar positivamente o comportamento e as emoções.

O segundo pilar, a Calibração e Rapport, se concentra na habilidade de sintonizar com os outros. Calibrar envolve a capacidade de perceber e compreender as pistas verbais e não verbais que as pessoas emitem durante uma conversa. Essa percepção sutil permite que você se ajuste às necessidades e estados emocionais da pessoa com quem você está falando, criando uma base sólida para o direcionamento da conversa segundo seus objetivos. O Rapport é o resultado desse processo, uma conexão profunda e empática com os outros. Quando você estabelece um Rapport sólido, a comunicação se torna mais fácil, as pessoas se sentem compreendidas e ficam mais dispostas a colaborar e seguir sua liderança.

Por fim, o terceiro pilar, Sistemas Representacionais, aborda a diversidade de maneiras como as pessoas percebem o mundo ao seu redor. A PNL reconhece que cada indivíduo codifica suas experiências de maneira única, usando representações visuais, auditivas, cinestésicas, olfativas e gustativas. A compreensão desses sistemas representacionais permite que você se comunique de maneira eficaz, adaptando sua linguagem e estilo de comunicação às preferências das pessoas com quem fala. Quando você se alinha com o sistema representacional de alguém, a comunicação se torna persuasiva e impactante, pois você está falando a linguagem do mundo interior.

Esses três pilares, Comunicação Efetiva, Calibração e Rapport, e Sistemas Representacionais, formam a base sólida sobre a qual a Programação Neurolinguística se apoia. À medida que exploramos cada um desses pilares em detalhes você compreenderá como a PNL pode ser aplicada em uma ampla variedade de contextos, desde relacionamentos pessoais até ambientes de negócios e educação, você também descobrirá como esses pilares se entrelaçam para criar uma abordagem holística para a compreensão da mente humana e como você pode aplicar esse conhecimento para alcançar uma comunicação mais eficaz, relacionamentos mais profundos e maior domínio de suas próprias habilidades e comportamentos. A PNL não é apenas uma teoria; é uma ferramenta prática que pode ser usada para melhorar todos os aspectos da vida, desde sua forma de comunicação até a maneira como você se relaciona com os outros e como busca o sucesso pessoal e profissional.

Capítulo 2
Comunicação Não Verbal

Você começará a enxergar como a PNL oferece uma visão única sobre a mente humana e como você pode aplicar esse entendimento para transformar sua vida. A PNL é um caminho para a excelência pessoal, um conjunto de ferramentas que capacita qualquer pessoa a alcançar seu potencial máximo e a criar resultados excepcionais.

A primeira destas ferramentas é a Comunicação Efetiva, ela é o coração da PNL, é a arte de transmitir mensagens de maneira clara, persuasiva e impactante. Para compreender verdadeiramente a PNL e suas aplicações práticas, é crucial dominar esse pilar, uma vez que ele serve como base para estabelecer conexões profundas com as pessoas ao redor e para influenciar comportamentos e emoções.

A PNL se aprofunda na análise das sutilezas da linguagem e da comunicação não verbal. Entender como palavras, tons de voz, expressões faciais e gestos afetam a percepção e o entendimento é essencial para uma comunicação eficaz. Afinal, a linguagem é a ferramenta primordial que usamos para compartilhar ideias, pensamentos e sentimentos.

O que torna a Comunicação Efetiva um elemento central da PNL é a ideia de que as maneiras como as pessoas se expressam tem impacto direto na maneira como essas pessoas veem, ouvem e se sentem em relação a você. A linguagem não é apenas um veículo de transmissão de informações, ela é carregada de nuances que criam conexões profundas ou afastam as pessoas. Portanto, aprender a se comunicar e ler a comunicação não verbal nas outras pessoas de maneira eficaz é essencial.

Neste contexto a escolha das palavras e frases que você utiliza é crucial. A PNL ensina a identificar palavras-chave, permitindo que você se comunique de maneira mais persuasiva. Além disso, examina como as metáforas e as histórias podem ser utilizadas para tornar sua comunicação mais envolvente e memorável.

A maneira como você fala, incluindo o tom de voz, a velocidade da fala e a entonação, desempenha um papel fundamental na forma como suas mensagens são recebidas, é preciso ajustar o tom de voz para criar impacto emocional e para corresponder ao estado emocional da pessoa com quem você fala.

A comunicação não verbal é igualmente importante na PNL, gestos, postura e expressões faciais podem falar tanto ou até mais do que as palavras. A PNL ensina a estar consciente de sua linguagem corporal e a ler a linguagem corporal dos outros, permitindo que você faça ajustes sutis para alcançar os objetivos desejados.

A Comunicação Efetiva, como mencionada anteriormente, engloba não apenas o que dizemos, mas também como o comunicamos de maneira não verbal. É preciso explorar as sutilezas da comunicação não verbal para entender melhor as emoções e intenções das pessoas com as quais interagimos. Neste contexto os gestos e movimentos corporais desempenham um papel crucial pois frequentemente revelam informações sobre o estado emocional e as intenções da pessoa. Ao compreender esses gestos, você pode obter insights valiosos sobre o que a pessoa está pensando e sentindo, Por exemplo:

Quando alguém usa gestos amplos e expansivos, como gesticular com as mãos abertas e movimentos expressivos dos braços, geralmente é um sinal de confiança e abertura. Esses gestos sugerem que a pessoa se sente à vontade e está disposta a se envolver na conversa, por outro lado, gestos mais fechados, como cruzar os braços, apertar as mãos ou tocar o próprio corpo, indicam insegurança, desconforto ou defensividade. Esses gestos podem sugerir que a pessoa está se protegendo de alguma forma ou se sente ameaçada.

A direção para a qual o corpo da pessoa está voltado também é significativa. Se alguém está virado em sua direção e orientando o peito em sua direção, isso indica interesse e envolvimento na conversa. Por outro lado, se a pessoa estiver virada para longe ou tiver os pés apontando em outra direção, pode sinalizar desinteresse ou desconexão.

Observar se alguém está fazendo gestos abertos, com as palmas das mãos visíveis, ou gestos cobertos, com as mãos escondidas, pode fornecer pistas sobre sua disposição. Gestos descobertos costumam sugerir sinceridade e abertura, enquanto gestos cobertos indicam que a pessoa está escondendo algo ou sendo reservada.

A rapidez e o ritmo dos gestos também são importantes. Gestos rápidos e animados refletem entusiasmo, enquanto gestos lentos e ponderados podem indicar reflexão ou hesitação.

Preste atenção se os gestos da pessoa estão alinhados com o que ela está dizendo. Se os gestos e as palavras não estiverem em harmonia, pode haver uma falta de sinceridade ou incoerência na comunicação.

A postura e a posição do corpo de uma pessoa também são indicadores poderosos do seu estado emocional, nível de confiança e conforto em uma situação. Ao observar atentamente esses aspectos da comunicação não verbal, você pode decifrar uma riqueza de informações sobre o que está acontecendo na mente da outra pessoa.

Uma postura ereta, com os ombros para trás e a cabeça erguida, geralmente é um sinal de confiança e autoestima. Quando alguém mantém uma postura relaxada, isso sugere que se sente à vontade na situação e está aberto para a interação. Pessoas com uma postura ereta costumam transmitir uma sensação de autoridade e presença. Por outro lado, uma postura encolhida, com os ombros curvados para frente e o corpo dobrado, pode sinalizar desconforto, insegurança ou nervosismo. Pessoas que adotam essa postura podem estar se protegendo de uma ameaça percebida ou se sentindo vulneráveis. É importante observar que uma postura encolhida nem sempre indica falta de confiança; em algumas situações, pode refletir simplesmente a necessidade de a pessoa se sentir mais confortável. Além da postura estática, observe os movimentos do corpo. Se alguém está constantemente mexendo as pernas, balançando o pé ou movendo as mãos de forma agitada, isso indica nervosismo ou impaciência. Por outro lado, movimentos suaves e controlados podem sugerir tranquilidade e autocontrole.

A inclinação do corpo em relação a outra pessoa também é significativa. Se alguém está inclinando o corpo para frente, em direção a você, isso geralmente indica interesse e envolvimento na conversa. Inclinar-se para trás pode sugerir desconexão ou desinteresse.

Observar se alguém toca o rosto, mexe no cabelo ou faz outros gestos semelhantes pode indicar nervosismo, ansiedade ou até mesmo coqueteria (charme). Esses gestos são reflexos automáticos das emoções internas da pessoa.

A expressão corporal geral, incluindo a forma como alguém se move, caminha e ocupa o espaço ao redor, também oferece pistas sobre seu estado emocional. Alguém que caminha de forma confiante e tranquila pode estar se sentindo no controle, enquanto uma pessoa que se move de maneira hesitante ou inquieta pode estar lidando com inseguranças.

Ao observar a postura e a posição do corpo de uma pessoa, você pode desenvolver uma compreensão mais profunda de suas emoções e intenções. A PNL ensina a importância de prestar atenção a esses sinais, pois eles ajudam a ajustar sua abordagem de comunicação. Explorando os princípios da PNL, você se preparada para aplicar essas técnicas em sua vida pessoal e profissional, permitindo que se posicione de maneira adequada aos seus interesses.

No universo da comunicação não verbal as expressões faciais são um dos aspectos mais evidentes e expressivos, são verdadeiras janelas que revelam o mundo interior de uma pessoa, suas emoções, pensamentos e intenções. Ao compreender as nuances das expressões faciais, você pode acessar uma riqueza de informações sobre o estado emocional da pessoa com quem está interagindo e ajustar sua abordagem. Os olhos desempenham um papel central nas expressões faciais. Preste atenção no olhar de uma pessoa, pois ele pode revelar muito. Dentro da Programação Neurolinguística (PNL), a observação dos movimentos dos olhos de uma pessoa é uma técnica conhecida como "Calibração". A calibração envolve prestar atenção aos padrões de movimento dos olhos de alguém durante uma conversa para obter informações sobre como essa pessoa está processando informações internamente.

A análise dos movimentos oculares em resposta a perguntas é uma ferramenta poderosa da PNL. Cada direção do movimento dos olhos está associada a diferentes tipos de processamento mental. Isso permite uma melhor compreensão de como uma pessoa está acessando informações em seu cérebro. O princípio básico da observação é de que a verdade não precisa ser criada, ou modificada, assim os olhos revelam mais que as palavras. Vamos explorar algumas situações comuns de resposta de negação a uma pergunta.

Olhar para cima sem mover a cabeça antes da negativa sugere que a pessoa está se preparando para apresentar uma versão falsa, pois não possui memória real do evento em questão. Quando, ao dizer "Não," a pessoa sustenta o olhar para cima, a suspeita de que está inventando a narrativa permanece, uma vez que a resposta parece dissociada de memórias factuais. Olhar para cima novamente após a negativa sugere que a pessoa está fabricando detalhes adicionais para tornar a versão mais crível. Essa combinação de movimentos oculares e negação com a cabeça não transmite confiança e sinceridade.

Antes da resposta, olhar para baixo rapidamente indica que a pessoa está pesquisando rapidamente em suas memórias visuais em busca de indícios que neguem seu envolvimento no ato. Ao dizer "Não" e sustentar o olhar para baixo, a resposta incorpora imagens mentais que embasam logicamente a negação. Olhar para baixo no final da negativa pode ser uma tentativa de verificar se algum detalhe visual importante foi omitido na versão apresentada. O acréscimo de gestos de cabeça em concordância com o olhar para baixo reforça a impressão de veracidade da explicação.

Antes da resposta, olhar para a esquerda sugere que a pessoa está se preparando para criar explicações inventadas, pois não possui memória real do evento em questão. Ao negar envolvimento e sustentar o olhar para a esquerda, a suspeita sobre a criação consciente da narrativa apresentada se mantém. Olhar novamente para a esquerda após a negativa levanta dúvidas sobre o acréscimo de detalhes fictícios para buscar credibilidade. Mesmo quando acompanhado de gestos de negação, o olhar para a esquerda não convence da veracidade dos fatos narrados.

Antes de negar, olhar para a direita sugere que a pessoa está buscando em memórias auditivas indícios que neguem seu envolvimento no ato. Ao dizer "Não" e sustentar o olhar para a direita, a resposta incorpora elementos auditivos que embasam logicamente a versão apresentada. Olhar para a direita após a negativa confere coerência entre a explicação e as lembranças de sons. Gestos de cabeça em concordância com o olhar para a direita reforçam a impressão de veracidade da narrativa.

Antes de responder, fechar os olhos rapidamente antecipa uma possível intenção de ocultar informações relevantes. Ao negar de olhos fechados, a impressão de falsidade da versão se fortalece consideravelmente, transmitindo a ideia de que informações importantes estão sendo ocultadas. Manter os olhos fechados após a negativa reitera a suspeita de ocultação seletiva da verdade. Mesmo quando acompanhado de gestos enfáticos de negação, falar de olhos fechados não transmite confiança na veracidade da resposta.

Olhar para cima e depois para baixo sugere que a pessoa está criando uma versão antes de buscar memórias visuais para fundamentá-la. Olhar para os lados e depois para baixo ou para a direita insinua que a pessoa está imaginando versões alternativas à realidade dos fatos. Intercalar olhar para cima e fechar os olhos rapidamente indica que a pessoa está considerando diferentes narrativas, possivelmente fictícias. Antes e depois da negativa, manter os olhos fechados induz grande suspeita de ocultação da verdade.

Movimentar excessivamente os olhos antes e após a resposta gera dúvidas sobre a fundamentação da versão em fatos concretos, pois tais movimentos podem indicar que a pessoa está criando uma narrativa de forma consciente. Respostas curtas, olhar firme e movimentos contidos transmitem mais sinceridade, uma vez que a pessoa parece estar mais à vontade com a verdade. Equilibrar movimentação ocular com gestos naturais de cabeça e rosto passa mais credibilidade, pois demonstra que a pessoa está agindo de maneira genuína.

As sobrancelhas também são indicadores poderosos. Quando as sobrancelhas se levantam, geralmente indicam surpresa ou curiosidade diante de informações novas. Isso se manifesta com a testa relaxada e os olhos mais abertos, sinalizando interesse pelo assunto. O levantamento de uma sobrancelha durante uma conversa denota engajamento ativo e atenção focalizada no que a pessoa está dizendo.

No contexto de uma pergunta direta, como "Você viu algo suspeito?", levantar rapidamente uma sobrancelha antes de responder pode indicar surpresa com o questionamento, sugerindo inocência. No entanto, se a sobrancelha é levantada durante ou depois da resposta, pode haver manipulação da linguagem corporal para criar uma falsa impressão de surpresa, com o objetivo de encobrir a culpa.

Quando ambas as sobrancelhas estão franzidas, geralmente expressam confusão, incerteza sobre informações recebidas ou desacordo com o que foi dito ou proposto. Manter as sobrancelhas franzidas ao longo de uma conversa pode indicar dificuldade em compreender o que a outra pessoa está explicando ou um posicionamento crítico em relação ao tema discutido.

No contexto de uma pergunta direta, franzir as sobrancelhas antes de responder pode sinalizar genuína confusão ou a necessidade de se concentrar para recordar detalhes. No entanto, se as sobrancelhas são franzidas durante ou após uma resposta, pode haver manipulação da linguagem corporal para simular confusão, como forma de ocultação. A testa franzida também pode expressar aborrecimento ou irritação com uma situação, especialmente quando questionada sobre um assunto específico, o que pode despertar suspeitas.

Os lábios e a boca têm um papel fundamental na comunicação facial. Quando os lábios formam um sorriso genuíno que envolve os olhos, isso revela felicidade e satisfação verdadeiras. No entanto, um sorriso que envolve apenas a boca, sem envolvimento dos olhos, tende a ser percebido como falso ou forçado, podendo ocultar sentimentos negativos.

Em contextos de perguntas diretas, como em investigações, um sorriso genuíno antes de responder pode indicar inocência, tranquilidade e boa vontade em cooperar. No entanto, se o sorriso ocorre durante ou após a resposta, pode estar sendo manipulado para transmitir uma falsa impressão de cooperação.

Lábios contraídos, projetados para frente ou apertados com força um contra o outro costumam expressar raiva ou hostilidade, mesmo que disfarçadas. Isso pode ocorrer ao tentar justificar inconsistências em informações.

Lábios trêmulos depois de uma negativa podem indicar insegurança quanto à firmeza da versão apresentada ou desconforto emocional ao mentir.

Mordiscar os lábios ou o interior da boca ao ser questionado(a) denota ansiedade e nervosismo, que podem estar associados à culpa.

Passar a língua sobre os lábios durante uma resposta pode indicar tensão ou desconforto, como se a boca estivesse ficando seca pela ansiedade ao mentir ou omitir informações

Manter os lábios muito fechados, sem sorrir, ao responder pode demonstrar vontade de se proteger, não externalizando as verdadeiras emoções e pensamentos.

Outra forma de expressão não verbal envolvendo o rosto que diz muito são os movimentos dos músculos faciais, observá-los pode ser uma maneira eficaz de decifrar as emoções de alguém. Expressões de alegria, raiva, tristeza e surpresa envolvem músculos específicos do rosto. Por exemplo, o músculo zigomático é ativado quando alguém sorri, enquanto o músculo corrugador é usado para franzir a testa em situações de preocupação ou desagrado.

É fundamental observar a coerência entre as expressões faciais e as palavras de alguém. Se alguém estiver sorrindo enquanto fala sobre um tópico triste, pode haver uma desconexão entre o que é dito e o que é sentido. Essa incoerência pode ser um indicativo de ocultação de emoções.

Além das expressões faciais óbvias, existem as chamadas expressões microfaciais, que são movimentos sutis que duram apenas frações de segundo. Esses microgestos revelam emoções genuínas que a pessoa tenta esconder.

As expressões microfaciais são como "piscadelas" emocionais que ocorrem em frações de segundo no rosto de uma pessoa. Elas são movimentos extremamente sutis que muitas vezes passam despercebidos, mas que revelam emoções genuínas que a pessoa está tentando ocultar.

Uma rápida elevação de um canto dos lábios pode sugerir desprezo. Essa expressão pode ocorrer quando alguém ouve algo que considera desrespeitoso ou insultante, já uma rápida descida dos cantos dos lábios ou um breve aperto nos olhos pode revelar tristeza. Mesmo que a pessoa esteja tentando parecer alegre, essas microexpressões indicam um sentimento de tristeza subjacente.

Um rápido levantamento das sobrancelhas e abertura dos olhos indicam surpresa. Essa microexpressão ocorre quando alguém é pego de surpresa por uma revelação inesperada.

Uma rápida elevação das sobrancelhas e arregalamento dos olhos sugerem medo. Mesmo que a pessoa esteja tentando esconder o medo, as microexpressões tendem a traí-la.

Uma rápida tensão na testa e estreitamento dos olhos indicam raiva. Essa microexpressão ocorre quando alguém está tentando manter a calma, mas a raiva está borbulhando abaixo da superfície.

Uma rápida expressão de nojo pode envolver enrugamento do nariz e lábios pressionados. Essa microexpressão ocorre quando alguém se depara com algo desagradável.

Às vezes, as expressões microfaciais podem revelar uma incoerência entre o que uma pessoa está dizendo e o que ela realmente sente. Por exemplo, alguém pode estar sorrindo e concordando com entusiasmo verbalmente, mas a microexpressão de desprezo nos lábios sugere desacordo genuíno.

A habilidade de observar e interpretar as microexpressões requer prática e atenção cuidadosa. As microexpressões muitas vezes ocorrem em um piscar de olhos, e detectá-las é um desafio para a maioria das pessoas. No entanto, com treinamento, é possível se tornar hábil na leitura desses sinais.

Neste contexto o contato visual também é uma parte fundamental da comunicação não verbal e oferece uma riqueza de informações sobre o estado emocional e as intenções de uma pessoa. A duração e a qualidade do contato visual podem variar de acordo com o nível de confiança, interesse e conexão.

Quando alguém mantém um contato visual prolongado, isso geralmente indica um alto nível de interesse e envolvimento na interação. É um sinal de que a pessoa está atentamente focada na conversa e deseja estabelecer uma conexão mais profunda.

O contato visual intermitente, no qual a pessoa olha nos olhos do interlocutor por intervalos curtos, é uma demonstração de interesse e respeito. Pode indicar que a pessoa está ouvindo com atenção e está envolvida na conversa, mas também pode refletir um certo grau de discrição ou respeito pelo espaço pessoal.

Se alguém evita ou desvia o contato visual, isso pode ter várias interpretações. Pode indicar timidez, ansiedade, desconforto, desonestidade ou desinteresse na conversa, a interpretação depende do contexto em que a conversa se desenvolve, em alguns casos é comum uma pessoa desviar o olhar para evitar mostrar vulnerabilidade emocional.

Um olhar fixo ou persistente nos olhos de alguém pode sugerir uma intensa concentração ou até mesmo uma possível confrontação. Isso pode ocorrer quando uma pessoa está focada em transmitir uma mensagem importante ou desafiando uma opinião.

O nível de confiança de uma pessoa também pode ser inferido a partir do contato visual. Alguém que mantém contato visual firme e confiante geralmente transmite autoridade e autoestima, enquanto um olhar evasivo sugere insegurança.

Em situações de desonestidade, como quando alguém está ocultando a verdade, o contato visual pode se tornar intermitente ou evasivo. Isso ocorre porque a pessoa pode se sentir desconfortável em olhar nos olhos enquanto mente.

É importante observar que as normas de contato visual variam de cultura para cultura. Em algumas culturas, o contato visual é incentivado e visto como um sinal de sinceridade, enquanto em outras, o olhar direto nos olhos pode ser considerado desrespeitoso ou desafiador. Além disso, o contexto da situação também desempenha um papel significativo na interpretação do contato visual.

Ao dominar a compreensão da comunicação não verbal, você pode obter insights valiosos sobre as emoções verdadeiras das pessoas, mesmo quando elas tentam escondê-las. Isso é particularmente útil em situações em que a comunicação autêntica é essencial, como negociações, terapias e relações interpessoais. Como parte do seu aprofundamento na Programação Neurolinguística (PNL), a prática na leitura da comunicação não verbal aumenta a habilidade de compreensão, permitindo que você se posicione dentro de um diálogo se acordo com seus objetivos.

Praticar estas técnicas envolve estar presente e atento às pistas visuais que a outra pessoa está oferecendo, é uma habilidade poderosa para entender as emoções e intenções de quem está à sua frente.

Capítulo 3
Comunicação Efetiva

Em meio à complexidade da comunicação não verbal, é fundamental compreender que a sincronia e o espelhamento desempenham um papel crucial não apenas na interpretação dos sinais emitidos pela pessoa com quem você interage, mas também como estratégias aplicáveis de você para ela. A observação serve para que você se posicione num diálogo de acordo com suas diretrizes percebendo, pelos sinais emitidos pela outra pessoa, como ela está processando mentalmente a conversa. Dependendo do resultado desejado você precisará criar empatia na pessoa para que seu objetivo seja alcançado dentro do diálogo. Nestas situações ao invés de você ser mero(a) observador(a), os(as) praticantes dessas técnicas buscam ativamente adaptar sua própria linguagem corporal para sintonizar-se com a da outra pessoa, criando, assim, uma conexão que facilita a condução do diálogo na direção desejada.

O propósito central dessa prática vai além da simples imitação superficial. Envolve uma consciente e sutil reprodução de gestos, expressões faciais, postura e outros sinais não verbais, proporcionando uma atmosfera propícia para que a outra pessoa se sinta à vontade. Essa abordagem não apenas aprofunda a compreensão mútua, mas estabelece um terreno fértil para um diálogo mais aberto e fluido.

Ao ajustar sua própria comunicação não verbal de acordo com a da outra pessoa, você busca criar um ambiente de empatia e harmonia. Essa adaptação consciente não apenas fortalece os laços interpessoais, mas também estabelece bases para se conduzir a interação de maneira mais assertiva e alinhada aos seus objetivos. Assim, a comunicação não verbal deixa de ser apenas uma via de mão única, onde você decodifica os sinais da outra pessoa para tornar-se uma ferramenta bidirecional, permitindo que você influencie sutilmente o curso da interação.

Essas técnicas são ferramentas eficazes para construir rapport, que é definido como a relação de harmonia e compreensão entre as pessoas. Ao refletir os comportamentos não verbais da outra pessoa, você demonstra empatia, contribuindo para uma atmosfera mais positiva na interação. A adaptação da linguagem corporal para se alinhar à da outra pessoa desempenha um papel crucial nesse processo, ajudando a estabelecer uma conexão profunda, criando um ambiente onde todos se sentem mais conectados e compreendidos.

Essa similaridade nos sinais não verbais contribui para uma compreensão de suas mensagens. Ao espelhar o comportamento, transmite-se uma sensação de confiança e familiaridade, reduzindo barreiras emocionais e criando um ambiente propício à abertura e colaboração.

Cada pessoa possui um estilo único de comunicação, e as técnicas de sincronia e espelhamento permitem uma adaptação natural a esse estilo, facilitando uma interação mais fluida e autêntica. No contexto pessoal e profissional, o uso adequado dessas práticas pode contribuir para relacionamentos mais positivos, sendo particularmente valioso em negociações, entrevistas e interações sociais.

Para ilustrar esses conceitos na prática, alguns exemplos são esclarecedores. Se a outra pessoa estiver gesticulando frequentemente, você pode integrar gestos semelhantes de maneira sutil. Ao responder a um sorriso, você não apenas expressa compreensão, mas também reforça a positividade na interação. Adaptar a postura ou o tom de voz de acordo com o da outra pessoa são estratégias eficazes para criar uma comunicação mais harmoniosa e receptiva.

Lembre-se sempre de praticar o espelhamento e a sincronia de maneira sutil e respeitosa, evitando imitações exageradas que possam parecer artificiais. Essas técnicas são poderosas para estabelecer rapport, mas a autenticidade na comunicação continua sendo a peça fundamental. Ao identificar padrões na comunicação não verbal, você será capaz de criar conexões autênticas com as pessoas. Lembre-se de que a PNL é uma jornada contínua de aprendizado e prática. Aprofundar seu entendimento da comunicação não verbal é um passo crucial para aplicar eficazmente os princípios da PNL em sua vida.

Além da comunicação não verbal em duas vias podemos destacar ainda a comunicação efetiva, ela não se trata apenas de falar; a escuta desempenha um papel igualmente importante. Técnicas de escuta ativa permitem que você compreenda melhor o que está sendo dito e adapte seu diálogo a seus objetivos. À medida que exploramos esses elementos da Comunicação Efetiva, você perceberá como eles se entrelaçam e se complementam.

A escolha de palavras certas pode afetar o tom de voz que você utiliza, que, por sua vez, influenciará sua linguagem corporal e expressões faciais. A escuta ativa é uma parte integrante desse processo, permitindo que você responda de forma apropriada às pistas verbais e não verbais da outra pessoa.

A Comunicação Efetiva não é apenas sobre transmitir informações; é sobre criar uma conexão genuína com as pessoas em busca de seus objetivos, ela envolve a capacidade de adaptar sua comunicação de acordo com as necessidades e preferências da outra pessoa. Quando você domina a arte da Comunicação Efetiva, você se torna um(a) comunicador(a) mais persuasivo(a), capaz de influenciar comportamentos e emoções.

Mas este é ainda o começo da jornada na compreensão da Comunicação Efetiva na PNL. À medida que avançamos você aprenderá técnicas e estratégias específicas para aprimorar sua comunicação em diversos contextos, desde aprimorar relacionamentos pessoais até ter sucesso em ambientes profissionais.

Ao compreender e dominar a Comunicação Efetiva, você estará equipado(a) para aplicar os princípios da PNL de forma significativa em sua vida, criando relacionamentos profundos, influenciando os outros e alcançando seus objetivos pessoais e profissionais. A PNL é uma ferramenta prática para a excelência em comunicação e relacionamentos, e a Comunicação Efetiva é um dos passos nessa jornada.

Começaremos a explorar as técnicas mencionadas no texto introdutório para ajudar você a desenvolver suas habilidades de comunicação de forma significativa. Iniciaremos com a primeira etapa a "Escolha das Palavras e Frases-Chave".

A escolha das palavras e frases que você utiliza desempenha um papel fundamental na Comunicação Efetiva. É importante identificar palavras-chave e a usá-las de maneira persuasiva. Aqui estão algumas técnicas e estratégias que você pode aplicar.

É cientificamente comprovado que algumas palavras têm um impacto emocional forte. Essas palavras variam dependendo do contexto, mas podem incluir termos como "sucesso", "segurança", "liberdade" e "felicidade".

Use essas palavras-chave em momentos estratégicos de sua comunicação para despertar emoções e criar conexões profundas com a pessoa com quem fala. Evite jargões e linguagem técnica complexa, não tente verbalmente parecer mais inteligente do que a outra pessoa, comunique-se de maneira clara e simples para que todos possam entender facilmente o que você está dizendo.

Use metáforas e analogias quando apropriado para tornar conceitos complexos mais acessíveis. Por exemplo, comparar um projeto a "construir uma casa" pode facilitar o entendimento.

Esteja ciente do seu público-alvo. Pense em suas necessidades, preferências e valores ao escolher suas palavras. Ajuste sua linguagem de acordo com a idade, nível de conhecimento e interesses da pessoa com quem fala. Evite o uso de palavras negativas ou que reforcem limitações. Em vez de dizer "Não é impossível", você pode dizer "É possível". Substitua palavras como "problema" por "desafio" para criar uma perspectiva mais positiva. Escutar atentamente a outra pessoa também faz parte da escolha das palavras-chave. Ao entender suas necessidades e preocupações, você pode responder de maneira mais apropriada.

Ao aplicar essas técnicas, você estará mais bem preparado(a) para utilizar as palavras de maneira persuasiva conduzindo um eventual diálogo para um campo que esteja alinhado a seus objetivos. Lembre-se de que a escolha das palavras é apenas o primeiro passo na jornada de Comunicação Efetiva.

O tom de voz e a entonação são componentes essenciais da comunicação eficaz. Eles têm o poder de criar impacto emocional e influenciar o entendimento da pessoa com quem você fala. Varie seu tom de voz para refletir o conteúdo que está sendo transmitido. Em situações de entusiasmo, use um tom mais animado e envolvente. Em momentos sérios ou empáticos, adote um tom mais suave e compreensivo.

A velocidade da fala também é importante. Evite falar muito rapidamente, o que pode tornar suas palavras difíceis de seguir. Da mesma forma, não fale excessivamente devagar, pois isso pode parecer monótono. Ajuste o ritmo da fala de acordo com a situação e a receptividade da(s) outra(s) pessoa.

A entonação também é importante, pois pode alterar o significado de uma frase. Por exemplo, a simples pergunta "Você entendeu?" pode ter diferentes interpretações com base na entonação. Uma entonação ascendente pode indicar uma pergunta genuína, enquanto uma entonação descendente pode sugerir dúvida.

Sincronize seu tom de voz com sua linguagem corporal. Uma linguagem corporal aberta e expressiva deve ser acompanhada por um tom de voz coerente, transmitindo confiança e sinceridade.

Ouça atentamente o tom de voz da pessoa com quem fala. Muitas vezes, as emoções e preocupações podem ser percebidas através do tom de voz, e você pode responder de maneira mais eficiente. Uma maneira eficaz de aprimorar seu uso do tom de voz é gravar suas conversas e apresentações, depois analisar as gravações ou pedir feedback de outras pessoas para identificar áreas de melhoria.

Lembre-se de que a comunicação efetiva não se trata apenas do que você diz, mas também de como você o diz. O tom de voz e a entonação podem criar conexões emocionais profundas com as pessoas e contribuir para a persuasão e influência positiva.

A eficácia da sua comunicação não se limita apenas às palavras que escolhe e ao tom de voz que utiliza; a linguagem corporal desempenha um papel igualmente crucial. Mesmo que as pessoas com quem interage não estejam conscientemente processando esses sinais, seus cérebros assimilam as informações subjacentes transmitidas pela comunicação não verbal, então utilize gestos que complementem e reforcem suas palavras. Por exemplo, ao contar uma história emocionante, seus gestos podem ser mais amplos e expressivos para transmitir entusiasmo. Ao mesmo tempo mantenha uma postura ereta e confiante, pois isso demonstra segurança e autoconfiança. Mantenha contato visual com as outras pessoas, mostrando que você está envolvido(a) na conversa e valoriza a interação.

As expressões faciais também transmitem uma ampla gama de emoções. Esteja ciente das suas próprias expressões e das expressões das outras pessoas para ajustar sua comunicação conforme necessário.

Pratique a sincronia e o espelhamento. Isso envolve adaptar sua linguagem corporal para corresponder à da outra pessoa, criando uma conexão mais profunda. Observe o ritmo e os gestos da outra pessoa e faça ajustes sutis para acompanhar. Esteja ciente do espaço pessoal da outra pessoa, respeite as normas culturais e pessoais em relação à distância física.

Desenvolva a habilidade de ler a linguagem corporal dos outros, como explicado no capítulo anterior, isso permitirá que você compreenda melhor as emoções e intenções.

Ao dominar a comunicação não verbal, você será capaz de criar conexões profundas e autênticas com as pessoas ao redor, irá melhorar suas habilidades de influência e aprimorar seus relacionamentos pessoais e profissionais.

Lembre-se de que a Comunicação Efetiva não se resume apenas a uma única técnica ou componente, mas sim à harmonia entre a escolha das palavras, o tom de voz, a comunicação não verbal e a escuta ativa. Continuaremos explorando esses conceitos para ajudá-lo(a) a se tornar um(a) comunicador(a) mais persuasivo e influente. Mantenha-se atento para aprender mais técnicas e estratégias que ajudarão a alcançar seus objetivos pessoais e profissionais.

Capítulo 4
Calibração e Rapport

Duas das habilidades essenciais da Programação Neurolinguística (PNL) que aprimoram ainda mais a capacidade de interagir e alcançar objetivos são a Calibração e Rapport.

Calibração, como citado anteriormente, é a capacidade de perceber e compreender as pistas verbais e não verbais que as pessoas emitem durante uma conversa. Isso envolve estar atento(a) às sutilezas da linguagem corporal, da entonação da voz e das expressões faciais. A Calibração não se trata de ler mentes, mas sim de desenvolver a sensibilidade para compreender o estado emocional e mental das outras pessoas. Isso permite que você se adapte de maneira mais eficaz com quem estiver interagindo.

O Rapport, por outro lado, é o resultado natural da Calibração. Quando você é capaz de perceber e responder às pistas verbais e não verbais de alguém de maneira autêntica, você cria uma conexão profunda e genuína. O Rapport é como estabelecer uma sintonia com alguém, onde as barreiras da comunicação são quebradas.

Para aplicar Calibração e construir Rapport, considere o seguinte. Durante uma conversa, esteja completamente focado na pessoa com quem está interagindo. Preste atenção à postura, expressões faciais, gestos e movimentos oculares, use a Calibração para ajustar sua própria linguagem corporal e tom de voz para corresponder ao da outra pessoa. Isso cria uma sensação de conexão e conforto, permitindo que a comunicação flua de maneira mais harmoniosa além de possibilitar que você conduza o diálogo segundo seus objetivos.

Faça perguntas que incentivem a outra pessoa a compartilhar mais sobre seus pensamentos e sentimentos. Perguntas abertas são especialmente úteis, nesse contexto, em que se destaca a importância da calibração e da construção de rapport durante uma conversa, a realização de perguntas estratégicas pode ser fundamental para aprofundar a conexão e obter uma compreensão mais profunda da pessoa com quem se está interagindo. Aqui estão alguns exemplos de perguntas que podem ser feitas e os possíveis resultados que podem ser inferidos a partir das respostas:

"Como você se sente em relação a [um tópico específico discutido na conversa]?"

A resposta a esta pergunta pode oferecer insights sobre as emoções da pessoa em relação ao tópico discutido. Isso permite ajustar sua abordagem para garantir que a conversa seja direcionada aos seus objetivos.

"Pode me contar mais sobre sua experiência com [um tema mencionado anteriormente]?"

Essa pergunta aberta incentiva a pessoa a compartilhar mais detalhes e experiências pessoais. Isso não apenas fortalece o vínculo, mas também fornece informações valiosas sobre as experiências e perspectivas da outra pessoa.

"Quais são os seus objetivos ou expectativas em relação a [assunto em discussão]?"

Entender os objetivos da outra pessoa pode ajudar a alinhar seus próprios objetivos e criar uma base para uma comunicação mais eficaz. Isso também permite ajustar sua abordagem para apoiar seus objetivos no âmbito do diálogo.

"Você acha que a nossa comunicação até agora está atendendo às suas expectativas?"

Essa pergunta direta demonstra interesse na satisfação da outra pessoa com a comunicação. A resposta pode indicar se é necessário fazer ajustes na abordagem para melhorar a eficácia da interação.

"Como você costuma preferir receber informações ou feedback?"

Entender o estilo de comunicação preferido da outra pessoa permite adaptar a entrega de informações para melhor atender às suas preferências, fortalecendo a qualidade da interação. "Existe algo específico que você gostaria de discutir ou abordar em nossa conversa?"

Esta pergunta dá à outra pessoa a oportunidade de direcionar a conversa para áreas de seu interesse ou preocupação, promovendo uma interação mais personalizada e relevante.

As perguntas sugeridas estão em um contexto geral, é claro que você deve formular tais questões dentro da dinâmica da conversa para que as perguntas se encaixem no diálogo e em sua forma de expressão. Ao fazer perguntas desse tipo e interpretar cuidadosamente as respostas, você pode ajustar sua abordagem de comunicação, construir rapport de maneira mais eficaz e orientar a conversa em direção a objetivos específicos.

Mostre que você compreende e se importa com o que a pessoa está passando, mesmo que isso não seja verdade. Expressões faciais acolhedoras e declarações empáticas, como "Eu entendo como você se sente", demonstram empatia genuína.

Lembre-se de que o Rapport não é sobre manipulação; é sobre construir conexões que a pessoa com quem você fala interprete como autênticas. Ao aplicar Calibração e desenvolver Rapport, você se comunicará de forma mais eficaz, capaz de construir relacionamentos profundos e significativos em todas as áreas de sua vida, desde relacionamentos pessoais até negócios e carreira. Essas habilidades são fundamentais permitindo que você se conecte de maneira autêntica e influencie as pessoas ao seu redor.

Capítulo 5

Sistemas Representacionais

Os sistemas representacionais dizem respeito à maneira pela qual cada pessoa percebe e organiza suas experiências. Cada um de nós tem uma forma predominante de representar internamente nossas percepções por meio dos sentidos. Na Programação Neurolinguística, os principais sistemas representacionais são: visual, auditivo e cinestésico.

Pessoas com predominância visual têm maior facilidade para lembrar de imagens, são mais influenciadas pelo aspecto visual das coisas e pensam frequentemente em termos de metáforas e analogias visuais. Já aquelas com predominância auditiva aprendem e se comunicam melhor por meio de sons, palavras e diálogos internos. Pessoas cinestésicas são mais conectadas às sensações físicas e emoções, elas valorizam experiências concretas, o toque e o sentir. Cada pessoa combina os três sistemas, mas tende a preferir um deles.

Ao identificar os sistemas representacionais predominantes em alguém, é possível se comunicar de maneira muito mais eficaz com essa pessoa, usando as palavras e abordagens sintonizadas com a forma como ela funciona internamente. Isso cria conexões profundas e influencia comportamentos.

Por exemplo, pessoas visuais respondem melhor a comunicações ricas em imagens, diagramas, demonstrações, cores e referências espaciais. Ao usar expressões como "Veja como...", "Deixe-me mostrar isso para você..." e "Vamos focar nesta questão..." você fala diretamente a linguagem preferida delas. Já aquelas de perfil auditivo preferem sons, palavras e diálogos. Frases como "Ouvir isso faz sentido para você?" e "Vamos conversar sobre isso" são mais eficazes. Para pessoas cinestésicas, o canal de acesso são as sensações e emoções. Portanto, apelos como

31

"Como você se sente em relação a isso?" e "Vamos experenciar isso juntos" são mais persuasivos.

Uma aplicação poderosa dos sistemas representacionais é no campo da negociação, vendas e persuasão. Ao identificar e utilizar as palavras-chave, expressões, gestos e abordagens mais conectadas ao sistema interno predominante da outra pessoa, você influencia as decisões e ações dela. Você literalmente "fala a linguagem" do mundo perceptual preferido da pessoa, facilitando o entendimento e a aceitação. Por exemplo, se você está vendendo um automóvel para alguém predominantemente visual, destaque as qualidades estéticas, a aparência impecável e os detalhes como a cor e os acabamentos. Mostre fotos e vídeos, enfatizando o design e os recursos visuais. Já para um cliente auditivo, foque nos sons do motor, no conforto acústico da cabine e na reputação sonora da marca. Com clientes cinestésicos, convide-os a experimentar o carro, sentir o banco, o volante e valorizar a experiência sensorial proporcionada.

Outra aplicação poderosa é na área de apresentações públicas e oratória. Identificar o sistema representacional predominante em seu público permite customizar o discurso para gerar maior engajamento e impacto. Se a plateia é mais visual, utilize slides, gráficos, demonstrações, linguagem figurativa e referências a imagens. Para um público auditivo, explore variações de tom de voz, trilhas sonoras, histórias e diálogos. Caso o grupo seja mais cinestésico, use exemplos que despertem sensações e emoções e convide-os a experimentar.

Em contextos profissionais como reuniões e treinamentos, adaptar sua comunicação ao sistema representacional das pessoas com quem interage é um diferencial poderoso. Observe os colegas que respondem melhor a apresentações visuais, discursos e debates ou dinâmicas de grupo com interação. Isso permitirá escolher as abordagens certas para cada momento.

Em relacionamentos pessoais e situações familiares, compreender e se comunicar por meio dos sistemas representacionais predominantes de cada pessoa também é transformador. Você pode evitar desentendimentos, resolver conflitos e gerar maior intimidade ao falar a "linguagem" do sistema perceptual preferido pelas outras pessoas.

As diferenças nos sistemas representacionais explicam por que algumas pessoas relacionam-se mais facilmente com determinados amigos, colegas ou familiares do que com outros. Quando há uma sincronização nos sistemas predominantes, a conexão flui naturalmente, já quando existem preferências distintas, é preciso fazer um esforço consciente de adaptação.

A comunicação por meio da escrita também pode ser aprimorada ao considerar o público-alvo. Em textos direcionados a leitores mais visuais, a linguagem metafórica, figurativa e rica em imagens gera mais engajamento. Para leitores auditivos, sons, diálogos e elementos narrativos são mais eficazes. Com públicos cinestésicos, é preciso usar mais exemplos que despertem sensações e emoções.

Além de permitir que nos comuniquemos de maneira mais eficaz com cada pessoa, a compreensão dos sistemas representacionais também é uma chave para o autoconhecimento e aprimoramento pessoal. Ao identificar sua própria predominância representacional, você pode escolher estratégias de aprendizado, trabalho e comunicação mais alinhadas ao seu funcionamento natural.

Existem vários métodos para determinar os sistemas representacionais predominantes em si mesmo ou em outra pessoa. Entender como as pessoas processam informações é fundamental para uma comunicação eficaz. A Programação Neurolinguística (PNL) oferece insights valiosos, porém é importante dissociar esta abordagem da linguagem visual abordada anteriormente quando o movimento dos olhos estava sob o contexto de uma pergunta direta, aqui abordamos sob o contexto de uma conversa ao estilo informal.

Se alguém frequentemente olha para cima durante uma conversa, está mais propenso a ser um processador visual.

Movimentos oculares laterais indicam um processamento auditivo. Essas pessoas preferem informações ou diálogos internos.

Olhar para baixo sugere um processamento mais centrado em sensações e sentimentos físicos esta pessoa está mais propensa a ser um(a) processador(a) cinestésico.

Outra forma de identificar se uma pessoa é visual, auditiva ou cinestésica é por meio da linguagem utilizada. Pessoas visuais usam frases como "vejo o que você quer dizer" ou "isso parece claro". Aqueles com processamento auditivo preferem frases como "isso soa correto para mim" ou "vamos discutir isso". Pessoas cinestésicas expressam emoções físicas, como "isso me faz sentir bem" ou "tenho uma sensação estranha sobre isso".

Outra forma de identificar o modelo de processador que é uma pessoa é através de perguntas Diretas. Ao apresentar situações imaginárias, observe as palavras-chave relacionadas aos diferentes estilos. Faça perguntas diretas sobre preferências sensoriais. Exemplo: "Você prefere explicação visual ou uma explicação detalhada por áudio?"

Porém não adianta conhecer conceitualmente os princípios da PNL, pois nada substitui a prática, assim é necessário colocar os conhecimentos em campo observando os movimentos oculares em situações cotidianas, prestando atenção à linguagem utilizada em conversas, experimentando fazer perguntas que revelem preferências sensoriais.

Lembre-se que essas categorias não são rígidas; muitas pessoas podem ter uma combinação de estilos. A observação cuidadosa e a prática ajudarão a aprimorar suas habilidades de identificação. Use essas informações para adaptar sua comunicação e fortalecer suas conexões interpessoais.

Ao determinar os sistemas predominantes em você mesmo e nos outros, é importante evitar rotular as pessoas de maneira estanque e definitiva. Na verdade, todos nós alternamos entre os três sistemas representacionais o tempo todo. A predileção por um deles é apenas uma tendência geral e pode variar de acordo com o contexto. O ideal é ter flexibilidade para transitar entre os sistemas representacionais conforme a situação que se apresenta. Por exemplo, mesmo que você seja uma pessoa predominantemente visual, em determinadas circunstâncias pode ser mais proveitoso utilizar canais auditivos ou cinestésicos. Da mesma forma, as outras pessoas também alternam entre sistemas, embora tendam a preferir um em especial. Manter-se flexível é fundamental.

Além dos três sistemas representacionais clássicos, existem variações que incluem os sentidos gustativo e olfativo. Algumas pessoas têm memórias e conexões emocionais poderosas relacionadas a gostos e aromas específicos. Essas representações também podem ser exploradas na comunicação em casos particulares, embora sejam menos comuns que as três categorias principais.

Uma das áreas mais fascinantes da PNL é a exploração dos sistemas representacionais por meio da Time Line, ou Linha do Tempo. Trata-se de uma técnica que mapeia as lembranças de uma pessoa em uma linha horizontal, identificando padrões específicos. Costuma-se pedir para a pessoa fechar os olhos, acessar lembranças positivas e negativas e indicar se essas memórias estão à sua frente, atrás ou em outros locais. Os resultados surpreendentes desse exercício serão explorados mais à frente.

Ao compreender os sistemas representacionais você estará mais apto a influenciar resultados, persuadir as pessoas e alcançar objetivos. Em vendas, negociações, liderança, oratória, marketing e qualquer contexto que envolva influência interpessoal, customizar sua comunicação para os sistemas perceptuais das outras pessoas é um diferencial poderoso. Você literalmente aprende a "falar a língua" delas.

Em terapias, atendimentos e orientação psicológica ou comportamental, adaptar-se ao sistema representacional do cliente é igualmente transformador. Muitos conflitos e obstáculos se originam de incompatibilidades e desconexões nos sistemas representacionais entre as pessoas. Ao compreender e harmonizar essas diferenças, os resultados terapêuticos são potencializados.

Na publicidade e propaganda, conhecer os sistemas representacionais predominantes no público-alvo permite criar anúncios e campanhas muito mais eficazes. Marcas associadas às sensações cinestésicas utilizam linguagem emocional e experiencial. As visuais enfatizam imagem e aparência. Empresas posicionadas como auditivas destacam sons, narrativas e reputação.

O modelo dos sistemas representacionais oferece um caminho objetivo e prático para compreender e influenciar os processos mentais. Ao contrário de abordagens vagas ou pouco estruturadas, a PNL fornece insights claros sobre como as pessoas realmente funcionam e ferramentas precisas para se conectar com cada indivíduo em seu próprio mundo perceptual. Isso abre possibilidades extraordinárias para aprimorar qualquer tipo de processo comunicacional, terapêutico ou existencial.

Ao dominar os sistemas representacionais, você estará mais capacitado(a) a se expressar eficazmente, persuadir, vender, negociar e liderar. Ao compreender verdadeiramente as pessoas em seu próprio universo perceptual a intimidade e a satisfação nos relacionamentos são elevadas a um patamar superior.

Em qualquer contexto que envolva interação humana, adaptar sua comunicação ao sistema representacional predominante da outra pessoa é uma poderosa demonstração de empatia, respeito e consideração. Além de gerar mais abertura e receptividade, isso também projeta uma imagem positiva. Pessoas que se sentem profundamente compreendidas ficam mais propensas a admirar e valorizar quem as compreende. Isso gera um ciclo virtuoso nos relacionamentos.

Para aprimorar a flexibilidade, pratique sair de sua zona de conforto representacional, exercite os sistemas não predominantes em você, aprenda a identificar rapidamente a tendência da outra pessoa e adapte seu estilo para criar maior conexão e entendimento. Com paciência e prática, isso se tornará natural. A recompensa é que isso facilita o alcance de qualquer objetivo, seja pessoal ou profissional. Uma questão importante é como equilibrar adequação ao outro e autenticidade? A chave é calibrar com sensibilidade. Adapte-se verdadeiramente à realidade da outra pessoa, mantendo sua genuinidade. Fale a "língua" do sistema representacional predominante no outro, mas sendo sempre você. Encontre o equilíbrio entre acomodação e assertividade. Com tempo e prática, isso se tornará intuitivo.

Outro insight valioso é que, ao compreender e dominar os três sistemas representacionais em você, sua capacidade de aprendizado, criatividade e performance se expandem de modo notável. Você adquire a habilidade de transitar livremente entre o visual, auditivo e cinestésico para modelar habilidades, resolver problemas e alcançar objetivos de forma mais rápida e sofisticada. Sua inteligência se torna multifocal.

Pessoas com facilidade de transitar entre imagens, sons e sensações têm desempenho superior em áreas como música, esportes, artes plásticas, oratória, liderança, aprendizagem de idiomas, relacionamentos, planejamento estratégico, brainstorming ou qualquer campo que exija integração mental. Ao aprimorar e integrar seus sistemas representacionais, você otimiza seu potencial humano.

Uma área fascinante de aplicação da PNL é o uso terapêutico dos sistemas representacionais para promover mudanças positivas. Técnicas como a Time Line e visualizações guiadas exploram imagens, sons e sensações para modificar padrões mentais, emoções e comportamentos. Essas ferramentas serão exploradas em outra oportunidade, por ora, podemos afirmar que os sistemas representacionais são portas de acesso ao inconsciente que permitem remodelar crenças limitantes e reprogramar o cérebro.

Ao identificar e transitar livremente entre visual, auditivo e cinestésico, você expande seus horizontes, torna-se uma pessoa mais completa, flexível e multifocal, capaz de excelência e sucesso em qualquer área que exija controle mental e emocional, influência interpessoal ou de performance sob pressão, ou seja, em todos os aspectos da vida. Os benefícios a longo prazo são incalculáveis.

Em resumo, os sistemas representacionais são a porta de entrada para uma comunicação excepcional, conexões profundas e a capacidade de persuadir e influenciar. Eles permitem falar a língua do inconsciente de cada pessoa. Além disso, dominar os três sistemas amplifica seu aprendizado, criatividade e performance. Ao dedicar tempo para compreender e desenvolver essa área, você estará investindo em seu sucesso em todos os níveis.

Capítulo 6

Ferramentas da PNL

Nas páginas anteriores nos referimos a sistemas utilizados na PNL como calibração, rapport, modelagem, metamodelo da linguagem, sistemas representacionais, ancoragem, estratégias do Modelo Milton, configurações da Linha do Tempo, agora vamos conhecer melhor alguns deles a suas aplicações.

Os conceitos de calibração, rapport e modelagem foram abordados em páginas anteriores, sistemas representacionais e ancoragem serão abordados oportunamente, assim inicialmente conhecer o Metamodelo da Linguagem.

O Metamodelo da Linguagem é uma ferramenta poderosa dentro da Programação Neurolinguística para analisar padrões na comunicação que podem indicar distorções, generalizações ou falta de informações específicas. Ao identificar e questionar esses padrões você pode chegar a uma compreensão mais clara e profunda da mensagem que a pessoa deseja transmitir.

Vamos supor, por exemplo, que alguém faça a seguinte declaração: "Eu nunca consigo acordar cedo". Essa frase contém uma generalização indicada pela palavra "nunca". Seria preciso investigar mais a fundo fazendo perguntas direcionadas como: "Nunca mesmo? Nunca houve nenhuma única situação em que você conseguiu acordar cedo nos últimos meses ou anos?"

Ao explorar essas perguntas, frequentemente a pessoa percebe que existiram sim ocasiões em que ela acordou cedo, então se torna evidente que a declaração original continha uma distorção ou exagero. Isso abre caminho para examinar em que circunstâncias específicas a pessoa encontra mais dificuldade para acordar cedo e quais situações facilitam isso. O Metamodelo esclarece a mensagem e revela nuances importantes.

Outro exemplo: a frase "Tenho dificuldade para fazer exercícios físicos". A palavra "dificuldade" é vaga e subjetiva. Seria útil perguntar: "Que tipo específico de dificuldade você encontra em relação à atividade física? É falta de motivação, cansaço, falta de tempo ou alguma limitação física?"

Ao tornar a mensagem mais específica, fica mais fácil compreender os obstáculos reais e propor soluções mais adequadas.

Suponha também a seguinte declaração: "Meu chefe é muito exigente". A palavra "muito" indica uma possível distorção pela falta de parâmetro comparativo. As perguntas do Metamodelo seriam: "Muito exigente em comparação a quem? Outros chefes que você teve ou outras pessoas da empresa? Você poderia dar exemplos concretos de exigências excessivas?"

Esse processo de questionamento cuidadoso leva a entendimento mais equilibrado, sem distorções ou exageros.

Outra aplicação valiosa do Metamodelo está em identificar pressupostos não examinados em frases como "Eu sei que não vou ser promovido este ano". A questão seria: "Como você sabe disso? Que evidências levam você a ter tanta certeza?" Muitas vezes, os pressupostos revelam crenças limitantes que podem ser exploradas.

O Metamodelo fornece técnicas para analisar criticamente a linguagem, explorando generalizações, distorções, omissões e pressupostos. Isso leva a uma comunicação mais clara e eficiente, além de ampliar a compreensão sobre os modelos mentais dos outros. Ao dominar o Metamodelo, você aprimora sua capacidade de se comunicar e compreender ideias com mais profundidade.

Outro sistema muito utilizado pela PNL são estratégias do Modelo Milton.

Assim como o Metamodelo da Linguagem, as estratégias do Modelo Milton são elementos cruciais na Programação

Neurolinguística (PNL) que proporcionam insights valiosos sobre a comunicação humana. Estas estratégias, muitas vezes subestimadas, foram desenvolvidas a partir do estudo do terapeuta Milton H. Erickson e são empregadas para compreender e influenciar processos mentais profundos.

As Estratégias do Modelo Milton são padrões verbais e não verbais utilizados para acessar o inconsciente e influenciar positivamente o pensamento e o comportamento. Ao contrário do Metamodelo, que se concentra em esclarecer a comunicação, as estratégias do Modelo Milton buscam induzir estados alterados de consciência e facilitar mudanças benéficas na percepção.

A aplicação prática dessas estratégias envolve o uso de padrões linguísticos hipnóticos e sugestivos, destinados a atingir a mente inconsciente. Isso é feito através de uma linguagem vaga, metáforas e sugestões indiretas. Ao criar um ambiente propício para a sugestão, o praticante da PNL pode influenciar positivamente o pensamento de outra pessoa, facilitando a abertura para novas ideias e perspectivas.

Suponha que um praticante da PNL esteja trabalhando com um cliente que enfrenta resistência em relação a mudanças de hábitos alimentares. O praticante pode aplicar as Estratégias do Modelo Milton da seguinte maneira:

Em vez de abordar diretamente a resistência alimentar, o praticante poderia usar uma linguagem vaga, como "Às vezes, as pessoas descobrem que certas escolhas alimentares podem ter um impacto interessante em como se sentem."

Introduzir metáforas pode suavizar a resistência. Por exemplo, o praticante pode dizer: "Assim como as estações mudam, nossos hábitos alimentares também podem passar por transformações. Às vezes, é como se estivéssemos plantando sementes para um futuro mais saudável."

Evitando instruções diretas, o praticante pode usar sugestões indiretas, como: "À medida que você explora novas opções alimentares, pode notar que seu corpo e mente começam a encontrar um equilíbrio natural, permitindo que você se sinta mais confortável com escolhas mais saudáveis." Criando um ambiente relaxado e receptivo, o praticante estabelece uma atmosfera propícia para a sugestão. Isso pode ser feito através de uma linguagem tranquila, ritmo de fala adequado e demonstração de empatia, gerando confiança e abertura.

Ao empregar padrões linguísticos hipnóticos, o praticante busca influenciar positivamente o pensamento do cliente. Por exemplo, "À medida que você reflete sobre suas escolhas alimentares, percebe que tem a capacidade de fazer mudanças positivas, criando um caminho para um estilo de vida mais saudável."

Nesse contexto, as Estratégias do Modelo Milton são aplicadas para suavizar resistências, encorajar uma mentalidade aberta à mudança e estabelecer um terreno fértil para a aceitação de novas ideias. O uso cuidadoso dessas estratégias visa trabalhar com o inconsciente, promovendo uma mudança mais profunda e sustentável na perspectiva e comportamento do cliente em relação à alimentação.

As estratégias do Modelo Milton são eficazes para induzir estados alterados de consciência, facilitando a hipnose e promovendo uma receptividade maior a sugestões benéficas. Isso é particularmente útil em contextos terapêuticos e de desenvolvimento pessoal.

Ao utilizar padrões linguísticos específicos, os praticantes da PNL podem ajudar as pessoas a superar obstáculos mentais e promover mudanças positivas em seus comportamentos. Isso inclui a quebra de padrões negativos e o estabelecimento de novos hábitos construtivos.

As estratégias do Modelo Milton incluem o uso de metáforas, como sugerido anteriormente, permitindo que o praticante explore significados mais profundos e simbólicos. Isso é valioso para a compreensão e resolução de questões emocionais e psicológicas.

Ao adotar estratégias que acessam o inconsciente, os praticantes da PNL podem estabelecer uma comunicação mais profunda e empática.

Isso fortalece a conexão emocional e facilita a compreensão das necessidades individuais.

Ao incorporar as Estratégias do Modelo Milton na prática da PNL, os profissionais ganham uma ferramenta poderosa para influenciar positivamente a mente inconsciente, promovendo mudanças transformadoras e facilitando uma comunicação mais profunda e significativa.

Assim como o Metamodelo da Linguagem e as Estratégias do Modelo Milton, as Configurações da Linha do Tempo representam um pilar essencial na Programação Neurolinguística (PNL). Estas configurações oferecem uma abordagem única para compreender e influenciar a maneira como percebemos o tempo, nossas experiências passadas e futuras, desempenhando um papel crucial na modelagem de mudanças desejadas.

As Configurações da Linha do Tempo referem-se à representação mental do tempo, uma construção individual que influencia a maneira como percebemos eventos passados, presentes e futuros. A Linha do Tempo é visualizada como um espaço onde experiências estão dispostas, e as configurações indicam a organização dessas experiências em relação ao tempo.

A aplicação prática das Configurações da Linha do Tempo na Programação Neurolinguística (PNL) revela-se como uma ferramenta robusta para identificar e transformar padrões comportamentais indesejados ou limitantes. Este processo envolve uma exploração meticulosa das representações mentais do tempo, permitindo a modificação consciente das associações emocionais vinculadas a eventos específicos.

Para ilustrar, imagine uma pessoa que enfrenta uma fobia de falar em público, originada em uma experiência constrangedora durante uma apresentação na infância. Ao aplicar as Configurações da Linha do Tempo, um praticante da PNL guia o indivíduo por um exercício cuidadosamente projetado, considerando a concepção de que eventos específicos podem criar campos de influência ao longo da Linha do Tempo, afetando períodos posteriores.

Inicialmente, o praticante solicita que a pessoa crie uma Linha do Tempo, onde os eventos de sua vida são dispostos. Dentro dessa linha temporal, é possível introduzir períodos de inconsciência, como o momento em que a pessoa era um bebê e não tinha experiências emocionais significativas. A exploração inicia-se ao questionar: "Ao refletir sobre essa experiência, onde você posiciona esse evento em sua Linha do Tempo? Está mais próximo do presente, do passado ou do futuro"

Como o evento traumático está atuando por meio de seu campo de influência no presente, o praticante utiliza a técnica de deslocá-lo para o passado, estabelecendo uma distância temporal significativa. Por exemplo, "Visualize agora, pegando esse evento e movendo-o para um ponto mais distante em seu passado, afastando-o do campo de influência que exerce sobre seu presente, se possível leve-o até seu período de pré-consciência, quando você era um bebê, e as emoções eram menos influentes."

Essa abordagem incorpora a ideia de que eventos específicos geram campos de influência ao longo da Linha do Tempo, e mover esse evento para o passado é como afastar a pessoa desse campo de influência, proporcionando uma oportunidade significativa de libertação do trauma. Durante esse processo, o praticante incentiva a reconexão emocional com o evento de maneira positiva, indagando: "Ao mover esse evento para um local mais distante em sua Linha do Tempo, quais emoções positivas agora estão associadas a essa nova perspectiva?"

Assim, além de alterar a posição temporal do evento traumático, a abordagem considera a influência persistente ao longo da Linha do Tempo, enfatizando a importância de romper com esse campo de influência para promover uma visão mais positiva e empoderadora. Este exercício ilustra como as Configurações da Linha do Tempo na PNL são aplicadas com sensibilidade, incorporando elementos visuais de influência para catalisar mudanças positivas e libertadoras na vida da pessoa.

O praticante revisa o processo, garantindo que as mudanças foram internalizadas. Pode-se perguntar: "Ao olhar para trás, como você agora percebe aquela experiência passada? Como essa mudança na sua Linha do Tempo influenciou seus padrões comportamentais?"

Nesse exemplo, as Configurações da Linha do Tempo são utilizadas para alterar a percepção e as emoções associadas a um evento passado, resultando em uma mudança positiva no comportamento presente em relação à fobia de falar em público. Essa aplicação prática demonstra como a PNL é eficaz na reestruturação de experiências passadas para promover um presente mais saudável e empoderador.

Como a exploração das Representações Mentais do Tempo refere-se à investigação das imagens e construções mentais associadas ao tempo é importante saber que cada pessoa tem uma representação única de como percebe o passado, presente e futuro. Essa exploração permite ao praticante da PNL compreender como a pessoa organiza suas experiências temporais. O objetivo é reconhecer comportamentos específicos que estão ligados a certos eventos em determinados pontos da Linha do Tempo. Esses padrões podem ser prejudiciais ou limitantes, impactando negativamente o bem-estar emocional e o desempenho.

Uma vez identificados os padrões, a intervenção ocorre ao modificar a posição desses eventos na Linha do Tempo mental da pessoa. Isso pode envolver mover eventos traumáticos para longe, no passado, ou reposicionar conquistas desejadas no futuro. Essa técnica visa alterar a percepção e o impacto emocional associados a esses eventos.

Cada evento na Linha do Tempo está associado a emoções específicas. A reestruturação visa modificar essas associações, transformando emoções negativas em positivas ou neutralizando a intensidade emocional. Isso contribui para uma mudança mais saudável e adaptativa na resposta emocional a determinados eventos.

As abordagens específicas utilizadas na PNL para realizar a mudança na Linha do Tempo podem incluir visualizações guiadas, exercícios de ancoragem temporal, ou outras técnicas que direcionam a mente a reconstruir as representações temporais de maneira mais benéfica.

Essa abordagem prática nas Configurações da Linha do Tempo destaca a capacidade da PNL de trabalhar diretamente com a estrutura mental da pessoa. Ao identificar, explorar e modificar a forma como as experiências temporais são representadas, os praticantes da PNL buscam promover mudanças positivas e duradouras nos padrões comportamentais e emocionais. Esse processo é uma das maneiras pelas quais a PNL é eficaz na promoção do desenvolvimento pessoal e superação de obstáculos.

Ao explorar a Linha do Tempo em direção ao futuro, é possível estabelecer e fortalecer metas desejadas. Visualizar conquistas futuras de maneira vívida e positiva, aumentar a motivação e direcionar as ações de forma mais eficaz.

A compreensão das Configurações da Linha do Tempo oferece a oportunidade de aprimorar estratégias temporais, melhorando a organização do tempo e a capacidade de planejamento. Isso é especialmente útil em contextos profissionais e acadêmicos.

Ao incorporar as Configurações da Linha do Tempo na prática da PNL, os profissionais ganham uma ferramenta poderosa para promover mudanças positivas, tanto no âmbito emocional quanto no comportamental. Essa abordagem única permite uma exploração profunda da relação entre tempo, experiências e comportamento, facilitando uma transformação significativa na vida das pessoas.

Capítulo 7

Reprogramação Mental com PNL

Após compreender os fundamentos da Programação Neurolinguística e suas ferramentas, você está pronto(a) para explorar técnicas mais avançadas que permitem reprogramar padrões mentais e alcançar novos resultados.

Um dos grandes insights da PNL é que as crenças e autoimagens moldam a realidade. Crenças limitantes agem como profecias autorrealizadoras, enquanto crenças positivas expandem as possibilidades. A boa notícia é que é possível identificar crenças restritivas e transformá-las em impulsionadoras de sucesso.

Crenças limitantes são construções mentais que distorcem as perceções sobre capacidades e potenciais. Essas ideias fixas atuam como sabotadores silenciosos, impedindo o crescimento ao nos convencerem de nossa incapacidade e de que certos objetivos estão além do nosso alcance. Em um panorama de autolimitação, expressões como "Eu sou lento demais para isso" ou "Não tenho talento para matemática" são frequentemente repetidas, consolidando narrativas restritivas.

As crenças limitantes criam muralhas mentais que obstruem o progresso. Elas rigidamente definem as capacidades, sendo, na realidade, histórias que contamos a nós mesmos, moldadas por experiências localizadas ou pela internalização da opinião alheia.

Quando analisado por analogia temos o exemplo das mães que sentem os filhos à distância, neste contexto surge a intrigante teoria da "Ressonância Límbica". Mesmo que ela não seja universalmente aceita cientificamente, estudiosos holísticos propõem que nosso cérebro age como um transreceptor, transmitindo e recebendo ondas. Experiências relatadas, como mães que pressentem eventos envolvendo seus filhos, sugerem uma forma de comunicação intercérebro, e neste contexto as crenças limitantes seriam irradiadas para além de nós, mas nos aprofundaremos nos elementos mais complexos da ressonância Límbica adiante. A notícia alentadora é que as crenças limitantes não são verdades imutáveis. Elas foram forjadas pelo condicionamento, mas têm o poder de serem reescritas a qualquer momento. Novos insights e experiências expansivas proporcionam a oportunidade de desafiar e remodelar essas construções autolimitantes. A jornada de desconstrução dessas crenças não é apenas possível; é essencial para o florescimento pessoal.

Ao reconhecer que essas crenças são maleáveis e não representam uma verdade incontestável você abre as portas para um processo de transformação. Desafiar as crenças limitantes não é apenas uma viagem pessoal; é um compromisso com a autodescoberta e a superação. Ao romper barreiras mentais, você permite que seu potencial ilimitado floresça, desafiando as narrativas restritivas que o(a) impedem de progredir.

A primeira etapa nesta jornada é tomar consciência das próprias crenças limitantes. Pergunte a si: "Quais ideias fixas eu carrego sobre mim mesmo(a) que me impedem de evoluir?". Faça uma lista mental ou escrita. Isso por si só já contribui para enfraquecer o poder dessas crenças. Depois, questione a validade dessas crenças: "Essa ideia procede? O que prova que ela é verdadeira?". Consegue encontrar exemplos concretos que a contradigam? Lembre-se de situações em que você superou essa suposta limitação. Isso provaria que ela é falsa. Em seguida, substitua a crença limitante por uma crença alternativa mais capacitante.

Crenças capacitantes são aquelas que empoderam, expandindo a autoimagem e o senso de possibilidades.

Por exemplo, ao invés de "Não tenho capacidade para aprender outro idioma", diga para si mesmo "Eu tenho inteligência linguística e, com dedicação, posso aprender qualquer idioma." Em vez de "Nunca vou emagrecer, é impossível para mim", afirme "Estou determinado a emagrecer e encontrarei um modo saudável de alcançar meu peso ideal."

Perceba como as novas crenças evocam seus pontos fortes e potenciais, elas abrem portas ao invés de fechá-las. Você se define em termos de possibilidades e não de limitações. Isso gera autoconfiança e determinação para conquistar novos aprendizados.

Para criar crenças capacitantes, primeiro identifique os objetivos que você deseja alcançar. Por exemplo, se o objetivo é se comunicar bem em público, substitua a crença limitante "Sou tímido demais para falar em público" pela crença alternativa "Posso aprender técnicas para me comunicar bem em público e me tornar um ótimo orador." Em seguida, encontre evidências de que a nova crença é verdadeira. Você conhece alguém tímido que se tornou um bom orador público? Há casos assim ao longo da história?

Repita proativa e consistentemente a nova crença para si, isso a tornará parte de sua autoimagem com o tempo. Lembre-se: as crenças criam a realidade!

Além de identificar crenças limitantes e substituí-las por capacitantes, é importante cuidar da linguagem que usamos para nos referirmos a nós mesmos e às nossas experiências.

Nossos diálogos internos criam nossa autopercepção. Quando nos menosprezamos ou reforçamos limitações verbalmente, isso se torna parte de nossa identidade subconsciente. Por outro lado, ao usar uma linguagem positiva e motivadora, nos tornamos essa versão melhorada de nós.

Observe sua linguagem interna: você se critica, se culpabiliza ou se compreende com gentileza? Diz coisas como "Sou um idiota por ter feito isso" ou "Ainda bem que tive coragem de tentar"? Quando erra, vê como uma oportunidade de aprender ou como prova de sua incompetência?

Tente substituir linguagem derrotista por termos motivadores. Em vez de "falhei de novo", diga "Estou progredindo e melhorando cada vez mais". Substitua "Sou uma pessoa desorganizada" por "Estou aprendendo estratégias para me organizar melhor." Evite rótulos negativos definitivos.

Celebre pequenos progressos ao invés de focar apenas nos desafios a superar. Ao verbalizar vitórias com entusiasmo, mesmo que pequenas, você se motiva a ir mais longe. Linguagem é poder - use isso a seu favor. Outra técnica valiosa para reprogramar a mente é a visualização criativa. Visualização criativa envolve imaginar vividamente cenários e situações desejadas, com riqueza de detalhes multissensoriais como se já fossem reais. Isso sinaliza poderosamente ao cérebro que tais metas foram alcançadas, o que facilita atrair os resultados concretos correspondentes à visualização.

Ao "ensaiar" repetidamente em sua mente o sucesso que almeja, seu cérebro forma conexões neurais alinhadas a esse resultado. As visualizações positivas geram insights e soluções aos desafios do caminho.

Atletas fazem simulações mentais de suas rotinas esportivas para aprimorar a performance muscular. Estudantes visualizam a sensação de fazer uma ótima prova para potencializar o foco e o conhecimento quando chega o momento real. O mesmo princípio se aplica a qualquer objetivo, do emagrecimento, à carreira profissional ou relacionamentos.

Como praticar a visualização criativa? Primeiro, defina claramente seu objetivo e os prazos desejados. Então encontre um local confortável e tranquilo para fazer o exercício de imaginação vívida. Feche os olhos e imagine detalhes multissensoriais associados ao sucesso do seu objetivo. Visualize situações específicas com pessoas, objetos, cores, sons, sensações corporais. Quanto mais específica e realista a visualização, maior será seu impacto subconsciente.

Por exemplo, se seu objetivo é se apresentar bem em público, imagine vividamente você na situação real: o ambiente onde fará a apresentação, as cores, os rostos do público, seus materiais de apoio, seu tom de voz confiante, a sensação de orgulho e energia ao conectar com as pessoas. Faça essas visualizações diariamente e explore variações. Imagine como celebrará a conquista do objetivo e como as pessoas lhe cumprimentarão. Isso fortalece a impressão subconsciente de que você já obteve a vitória.

Outra poderosa ferramenta de reprogramação mental é a ancoragem. Ancoragem significa associar um estímulo externo, como uma palavra ou gesto, a um recurso mental ou emocional positivo que você deseja acessar. É um atalho para ativar determinados estados internos por demanda.

Ancoragem na Programação Neurolinguística (PNL) é uma técnica que associa um estímulo externo a um estado mental ou emocional desejado. Por exemplo, imagine associar o toque suave da ponta dos dedos (o estímulo) à sensação de confiança. Ao repetir esse toque durante um momento de confiança intensa, a mente cria uma conexão entre o gesto e o estado emocional. Posteriormente, ao utilizar o toque suave, pode-se ativar conscientemente a sensação de confiança, transformando a ancoragem em um recurso acessível para induzir estados internos positivos quando necessário.

Por exemplo, você pode ancorar sentimentos de serenidade e autoconfiança ao gesto de cruzar dois dedos. Ao repetir o gesto âncora, mesmo em situações desafiadoras, a sensação positiva associada é ativada. Isso permite que você permaneça centrado.

Para criar âncoras eficazes, foque sua mente no estado emotivo ou mental que deseja vincular ao estímulo externo. Quando a sensação atingir o auge, aplique o estímulo âncora (palavra, gesto, som etc). Repita isso várias vezes para reforçar a conexão.

Depois teste a âncora imaginando uma situação estressante e acionando o estímulo. Se você acessar facilmente o recurso positivo, a âncora está funcionando! Com prática constante, o efeito se fortalece.

Além de âncoras pessoais, também criamos âncoras compartilhadas com pessoas próximas, o que gera uma sensação preciosa de intimidade. Quando compartilhamos gestos, palavras ou rituais especiais com alguém estamos vinculando a presença dessa pessoa a emoções positivas. Com o tempo, os estímulos âncora ativam automaticamente sentimentos de conexão e bem-estar associados ao relacionamento. Por exemplo, um casal pode criar a âncora de segurar as mãos com o polegar acariciando a mão do outro ao dizer "Eu te amo". Anos depois, esse gesto continua despertando a sensação de afeto que fortalece a união.

Pais também criam âncoras especiais com seus filhos, como uma pequena canção ou gesto com as mãos. Isso gera um senso duradouro de vínculo e segurança na criança, mesmo quando ela cresce e os pais não estão mais por perto.

Criar âncoras emocionais com seu par, filhos e amigos próximos requer consistência. Use os gestos, palavras ou rituais âncora regularmente e em momentos significativos para que eles se tornem símbolos valiosos do relacionamento.

Outra técnica que a PNL oferece para aprimorar a vida é a modelagem. Modelagem significa estudar os comportamentos, estratégias e traços mentais utilizados pelas pessoas de maior sucesso em uma área e aplicar esse conhecimento para alcançar excelência. Ao invés de tentar descobrir tudo do zero por tentativa e erro, podemos aprender com aqueles que já trilharam o caminho e provaram ser os melhores. A modelagem acelera o progresso pessoal e profissional.

Para praticar a modelagem escolha uma área que deseja aperfeiçoar, depois identifique alguém que é extremamente competente nesse campo. Observe atentamente os padrões de pensamento e ação dessa pessoa. O que ela faz que e o diferencia. Quais crenças e valores a guiam?

Por exemplo, se você quer se tornar um negociador hábil modele um negociador de sucesso comprovado. Analise como ele se comunica, faz perguntas, lida com objeções, cria soluções. Compare com os menos hábeis para identificar seus pontos fortes. Depois, aplique os pontos fortes do modelo em sua própria vida, de maneira consistente. Adote crenças e atitudes semelhantes às dele e pratique os novos comportamentos estudados em situações progressivamente desafiadoras. O hábito irá treinar seu cérebro para internalizar essas qualidades. Porém a modelagem não deve ser uma cópia exata. Adapte os pontos fortes do modelo à sua própria personalidade e contexto. Encontre sua versão das melhores práticas observadas.

Ao dominar a modelagem, você pode aprender não apenas com modelos vivos, mas também históricos. Grandes líderes, cientistas, escritores e artistas do passado têm muito a ensinar. Estude suas biografias em busca de insights.

Combinada com outras ferramentas da PNL, a modelagem proporciona um método poderoso para a expansão contínua de habilidades, nos tornando versões aperfeiçoadas de nós mesmos. O sucesso de outros pode se tornar nosso sucesso quando aplicamos essas lições de forma sábia.

Ao compreender essas técnicas - crenças capacitantes, visualização criativa, ancoragem e modelagem - adquirimos valiosos recursos para reescrever nossa história pessoal. Todos nós temos mais poder do que imaginamos para reinventar nossas vidas. Nossa mente não é fixa, mas está em constante evolução. Podemos escolher desafiar velhas crenças restritivas e criar outras que nos impulsionem à conquista de qualquer sonho. As ferramentas da PNL nos permitem assumir um papel ativo na renovação de nossa autoimagem, objetivos e narrativa pessoal. Usadas com ética e sabedoria, elas nos auxiliam a nos tornarmos autores da história que verdadeiramente queremos viver.

Lembre-se sempre, o maior obstáculo à transformação positiva somos nós mesmos e as prisões mentais que criamos. Mas temos a chave para abrir essas portas a qualquer momento. Nossa mente é o portal para reinvenção.

Ainda dentro dos princípios da PNL, é possível identificar e transformar as crenças limitantes que nos impedem de alcançar nossos objetivos. Essas crenças estão relacionadas com fenômenos como a ressonância límbica, que é a capacidade de sintonizar e influenciar as emoções e os pensamentos de outras pessoas, mesmo à distância. A ciência ainda não compreende totalmente como isso funciona, mas muitas pessoas já experimentaram essa conexão mental de forma intuitiva ou até mesmo telepática. Assim as crenças limitantes são como ondas que transmitem, sem o nosso consentimento, informações sobre nós, essas informações são captadas por outras pessoas, e aquela crença autolimitante passa a ser realidade também para os outros, interferindo na forma como percebemos o mundo e na forma como ele nos percebe. A ressonância límbica é uma expressão da nossa conectividade mental, que nos permite criar laços de confiança ou desconfiança, de empatia ou antipatia, além de transcender as barreiras do espaço e do tempo. Para mudar as crenças limitantes, é preciso entender como elas afetam a nossa ressonância límbica. Essas crenças são como notas dissonantes em uma sinfonia mental, que prejudicam não apenas o nosso diálogo interno, mas também a forma como nos relacionamos com os outros em um nível mais profundo. A ressonância límbica indica que as nossas mentes emitem sinais que podem ser captados por outras pessoas, influenciando sutilmente as suas experiências. As crenças limitantes, ao atuarem como padrões de frequência, podem distorcer essa ressonância, criando uma narrativa que reforça a autolimitação, se propagando aos que nos cercam.

Apesar de a ressonância límbica ser ainda um mistério científico, as suas manifestações na vida cotidiana são evidentes. Experiências pessoais de intuição, premonição e até mesmo comunicação à distância sugerem uma complexidade que ultrapassa os limites da explicação convencional.

Ao aplicar esses conceitos no contexto da PNL, buscamos não apenas entender, mas também usar essa ressonância de forma consciente. Desafiamos as fronteiras do conhecimento científico ao reconhecer que as nossas crenças não estão isoladas, mas fazem parte de uma rede mais ampla de conexões mentais que moldam a nossa realidade.

Ao explorar a ressonância límbica e a sua possível relação com as crenças limitantes, estamos abertos a uma nova compreensão da mente humana. A PNL, como uma ferramenta para reprogramação mental, nos habilita a superar as barreiras autoimpostas e a explorar os limites do nosso próprio desenvolvimento.

Capítulo 8
Exercícios e Técnicas
Superando Desafios

O autoconhecimento é uma jornada essencial no caminho da Programação Neurolinguística (PNL). Entender a si profundamente é a base para o desenvolvimento pessoal e a transformação positiva. Vamos explorar alguns exercícios práticos de autoconhecimento, projetados para abrir as portas da sua mente e revelar aspectos fundamentais da sua identidade.

Começaremos pelo exercício de reflexão sobre as crenças que moldaram sua vida até agora. Encontre um local tranquilo para fazer esse exercício. Feche os olhos, respire profundamente e reflita sobre as diversas ideias e pressupostos que você carrega sobre si e sobre a vida.

Algumas perguntas úteis para iniciar essa reflexão são: Quais são as crenças que recebi da minha família ou da sociedade sobre quem eu deveria ser e o que eu deveria alcançar? Essas crenças ainda fazem sentido ou se tornaram obsoletas?

Há crenças que adotei por conta própria com base em alguma experiência marcante? Elas expandiram minha vida ou me limitaram de alguma forma? Quais crenças sobre minhas habilidades ou sobre o mundo guiaram minhas decisões e ações até aqui? Elas me capacitam ou me restringem?

Anote cada crença importante que vier à sua mente. Depois, analise cada uma criticamente, questionando de onde surgiu e se ainda é relevante e construtiva para o momento atual. Este exercício permitirá que você identifique e reavalie ideias limitantes que podem estar restringindo seu potencial.

Após esta etapa você provavelmente concluirá que crenças construídas na infância ou juventude podem não fazer mais sentido, são crenças que podem ter se fossilizado ao longo do tempo, impedindo sua evolução. Questionar essas crenças é essencial para assumir as rédeas de sua vida.

Crenças são apenas pensamentos, não precisam definir eternamente quem você é, podemos escolher quais delas manter, descartar ou remodelar, somos os autores da história de nossas vidas.

Outro exercício poderoso é criar um mapa visual de suas experiências marcantes de vida.

Pegue papel e caneta e comece listando grandes acontecimentos, escolhas, desafios, lições e conquistas. Inclua também momentos emocionais significativos, positivos e negativos. Não há necessidade de se aprofundar os detalhes neste momento, depois, organize os eventos visualmente no papel, conectando-os com linhas e setas para indicar relações, causalidade e sequência temporal. Você estará criando um mapa mental da sua trajetória até aqui.

Ao contemplar esse mapa, surgirão insights sobre padrões que se repetem em sua vida. Você perceberá como certos eventos estão conectados e se influenciaram. Poderá identificar momentos de virada e escolhas cruciais.

Essa representação gráfica permitirá enxergar sua vida de uma perspectiva mais elevada. Você compreenderá melhor sua jornada, consolidará aprendizados e também conseguirá visualizar para onde deseja ir a partir de agora.

O processo de mapear sua história promove autoconhecimento, autoconsciência e discernimento sobre os fatores e escolhas que moldaram quem você é hoje. Isso é essencial para assumir as rédeas da sua evolução.

Conhecer seus valores mais profundos também é crucial para alinhar suas ações aos seus objetivos. Faça uma lista com o que considera mais importante e sagrado na vida, como honestidade, liberdade, verdade, criatividade, amor, contribuição para o mundo etc., depois, classifique essa lista em ordem de prioridade. Quais são os valores supremos que guiam tudo o que você faz? E quais vêm logo abaixo na escala?

Ao esclarecer sua hierarquia de valores, fica mais fácil avaliar escolhas e alinhar sua energia ao que realmente importa. Você evita dispersão e determina objetivos congruentes com seus princípios.

Quando surgirem dúvidas ou opções difíceis, recorra aos seus valores hierarquizados para ganhar clareza. Essa bússola apontará o caminho alinhado com o seu eu verdadeiro.

Descubra também suas paixões e talentos inatos. Muitas vezes já possuímos habilidades valiosas sem reconhecer seu potencial. Faça uma lista de atividades que lhe trazem alegria e energia. Em quais áreas seus olhos brilham e você se realiza?

Relembre também momentos em que recebeu elogios e reconhecimento especial por alguma capacidade. Muitas vezes, os outros enxergam talentos em nós que nem percebemos.

Junte todas as pistas e reflita: quais padrões sugerem áreas nas quais você possui domínios incomuns? Elas apontam sua vocação e maiores chances de sucesso genuíno.

Saber onde você naturalmente se destaca permite definir metas alinhadas com suas inclinações. Você descobre possibilidades de carreira e projetos que trarão realização. Foque sua energia no aprimoramento contínuo de seus dons. Todos possuímos um potencial singular para expressar por meio de nossas paixões.

Outra dimensão importante de autoconhecimento é compreender seu estilo predominante de aprendizado. Reflita sobre como você absorve novos conhecimentos com mais facilidade e profundidade: por meio da leitura e estudo teórico, de explicações verbais, trabalhos práticos ou role-playing? Você aprende melhor sozinho, em grupo, ensinando os outros? Quais métodos de ensino despertam seu interesse e engajamento?

Discernir como sua mente integra diferentes tipos de informação permitirá escolher as melhores estratégias de aprendizado e desenvolvimento pessoal. Por exemplo, se você tem facilidade com diagramas, fluxogramas e imagens, seu aprendizado é predominantemente visual. Aproveite ao máximo recursos gráficos nos seus estudos.

Se explicações verbais são mais eficientes, seu perfil é auditivo. Dialogue, grave mensagens de áudio e participe de discussões.

Se o aprendizado ocorre melhor por meio da prática direta, você é uma pessoa cinestésica. Busque workshops, estudos de caso e roleplaying.

Conhecer seu estilo permite escolher cursos, livros, professores e métodos de estudo que potencializem sua absorção de conteúdos e acelerem seu crescimento. Além desses, existem vários outros exercícios que promovem autoconhecimento e esclarecem seus pontos fortes e fracos.

Faça uma lista de suas principais qualidades e seus piores defeitos na visão dos outros. Peça ajuda de familiares e amigos próximos para identificar com honestidade esses traços.

Escreva uma carta a si mesmo, como se fosse uma pessoa querida, inclua conselhos, reconhecimento de qualidades e encorajamento. Depois, releia essa carta regularmente.

Relembre e escreva sobre seus sonhos de infância e juventude. Quais você realizou? Que sonhos atuais podem conectar com aqueles ideais?

Mantenha um diário pessoal para registrar seus desafios, aprendizados, emoções e momentos de autoconhecimento no dia a dia. Depois, reflita sobre os padrões.

Faça teste de personalidade baseados no sistema DISC, Eneagrama ou MBTI. Eles ajudam a identificar traços marcantes de sua personalidade e formas de interagir.

Escreva sua história de vida para ganhar clareza sobre os capítulos já vividos, foque em lições, escolhas e superações. Onde quer chegar nos próximos capítulos? Analise fotos antigas de momentos marcantes. Elas guardam chaves de nossa identidade e propósito. Relembre o contexto e os sentimentos da época.

A visualização també é uma ferramenta poderosa dentro da Programação Neurolinguística para moldar conscientemente o futuro. Vamos explorar exercícios práticos de visualização para expandir sua imaginação, fortalecer suas metas e criar um mapa mental claro rumo ao sucesso.

O primeiro exercício envolve visualizar vividamente o futuro que você deseja. Encontre um local tranquilo, feche os olhos e imagine em detalhes o que deseja conquistar e realizar futuramente.

Onde você está? Como é o ambiente ao seu redor? O que especificamente você conquistou nessa realidade futura? Quais habilidades desenvolveu? Explore mentalmente todos os detalhes possíveis, usando todos os sentidos.

Essa visualização não apenas ajuda a clarificar suas metas, mas também envia instruções ao cérebro sobre o que você deseja atrair em sua vida. Isso fortalece sua determinação e alinha suas ações.

Outro exercício poderoso é a criação de um quadro de visão ou dream board, para isso reúna revistas, imagens, palavras e símbolos que representem seus objetivos, sonhos e aspirações. Cole esses elementos em um quadro ou papel grande e coloque em um local bem visível.

Seu quadro de visão será um lembrete constante de suas metas, mantendo seu subconsciente focalizado nessa direção. Ele também estimula sua criatividade para realizar esses sonhos.

Agora, uma sugestão mais abrangente: crie uma narrativa mental detalhada de sua jornada ao sucesso. Feche os olhos e visualize cada passo do caminho, desde sua situação atual até a completa realização de suas metas. Sinta as emoções positivas associadas a cada conquista.

Visualize os desafios sendo superados com perseverança e as vitórias sendo comemoradas e saboreadas plenamente. Torne essa história mental o mais rica em detalhes possível. Essa narrativa vai alimentar sua motivação e ajudar a programar seu subconsciente para identificar e aproveitar as oportunidades certas.

A visualização também pode ser aplicada a desafios específicos. Identifique algum problema ou obstáculo que esteja enfrentando no momento. Feche os olhos e visualize uma solução sendo obtida com sucesso. Imagine cada etapa da superação desse desafio. Sinta a satisfação e o orgulho ao vencer essa situação difícil por meio de seus esforços.

Esses exercícios reduzem a ansiedade, pois seu cérebro ensaia antecipadamente a solução. Ele também revela possíveis caminhos que você ainda não havia considerado.

Outra sugestão interessante é explorar visualizações de diferentes linhas do tempo.

Imagine variados cenários futuros, contemplando opções de escolhas e suas prováveis consequências. Isso amplia suas alternativas e permite avaliar com mais clareza qual decisão tomar agora. Ao compreender melhor os possíveis desdobramentos e ramificações de diferentes decisões, você pode traçar seu caminho de forma mais consciente e acertada.

Além de metas específicas, a visualização criativa também é uma poderosa ferramenta de relaxamento e gestão emocional.

Feche os olhos e visualize cenários serenos, como uma praia paradisíaca ou as férias dos sonhos. Imagine todos os detalhes multissensoriais.

Visualizar ambientes tranquilos e inspiradores não só reduz o estresse, mas também treina sua mente para acessar estados mentais positivos por demanda.

Outra técnica importante é a visualização do sucesso de outros.

Identifique alguém que seja muito bem-sucedido em um campo que você deseja progredir. Visualize essa pessoa vivenciando conquistas relevantes. Imagine detalhes multissensoriais desse sucesso. Isso programa sua mente para reconhecer e perseguir objetivos semelhantes.

Esse exercício de visualização modela excelência, inspirando nosso cérebro com exemplos mentais positivos de possibilidades de realização.

Visualizar o sucesso dos outros também desenvolve qualidades como admiração, gratidão e generosidade, diminuindo inveja e sentimentos negativos.

Técnicas de visualização requerem prática regular para sedimentar novos padrões neurais. Porém, seus benefícios são imensos.

Reserve alguns minutos diariamente para esses exercícios. Visualizar narrativas ricas e multissensoriais treina o cérebro para transformar essas experiências em realidade.

Não subestime o poder de sua mente para influenciar a matéria. Nosso foco mental determina os resultados que atraímos. Portanto, foque no sucesso desejado. Ao dominar exercícios de visualização criativa, você molda sua identidade, destino e contribuição única para o mundo. Lembre-se: você é o artista que pinta a tela de sua vida.

Embora as técnicas de ancoragem já tenham sido abordadas em momento anterior, vamos nos aprofundar no tem sob o contexto da superação de desafios. Ao utilizar essas técnicas, você pode criar âncoras mentais que, quando acionadas, evocam estados desejados. Vamos explorar algumas técnicas práticas para ancorar emoções positivas e enfrentar os desafios com mais confiança.

Identifique um momento em que experimentou um estado emocional altamente positivo, como confiança, alegria ou determinação. Reviva intensamente esse momento, envolvendo todos os seus sentidos. No auge da emoção, aplique um estímulo específico, como pressionar suavemente dois dedos juntos. Repita esse processo para fortalecer a âncora. Agora, sempre que precisar acessar esse estado, a âncora te puxa para ele.

Outro exercício especialmente útil para situações desafiadoras é fechar os olhos e imaginar um momento em que superou com sucesso um desafio semelhante. Sinta a confiança e a determinação daquele momento. Enquanto vivencia essas emoções, crie uma âncora associando-as a um gesto simples, como tocar suavemente no pulso. Quando enfrentar desafios, acione essa âncora para acessar automaticamente esses estados positivos.

Se você busca um estado de calma e relaxamento imediato, a técnica valiosa é o relaxamento Instantâneo. Escolha um local tranquilo e feche os olhos. Imagine-se em um lugar sereno. À medida que se envolve nessa tranquilidade, aplique uma âncora física, como apertar suavemente os dedos e ligue a emoção ao toque que sentir. Ao enfrentar situações estressantes, acione essa âncora para induzir rapidamente um estado de relaxamento.

Você pode ainda refletir sobre suas realizações pessoais significativas. Escolha uma conquista que lhe traga grande satisfação. Enquanto relembra os detalhes dessa realização, crie uma âncora associando-a a um movimento específico, como esfregar as mãos. Quando precisar de um impulso de confiança, acione essa âncora para trazer à tona a sensação de sucesso.

A ancoragem para mudança de Estado é uma técnica eficaz para transições rápidas de estados emocionais. Pense em um momento em que desejou mudar seu estado emocional, por exemplo, de cansaço para energia. Enquanto visualiza essa transição, aplique uma âncora física. Ao desejar mudar de um estado para outro, acione essa âncora para facilitar a transição.

Se você busca inspiração, recomendo a ancoragem para criatividade, esta técnica é muito valiosa. Para criar a âncora para alcançar inspiração lembre-se de um momento em que teve uma ideia brilhante. Sinta a emoção da criatividade. Enquanto experimenta essa sensação, crie uma âncora associando-a a um gesto único. Quando estiver trabalhando em projetos criativos, acione essa âncora para acessar rapidamente seu estado criativo.

Ao incorporar essas técnicas de ancoragem em sua prática de PNL, você terá ferramentas poderosas para enfrentar desafios e cultivar estados emocionais positivos.

A Programação Neurolinguística (PNL) também oferece estratégias poderosas para ajudar as pessoas a superarem medos e fobias. Esses obstáculos mentais limitam nossas vidas e impedem nosso pleno potencial de ser alcançado. Felizmente, com técnicas adequadas, podemos nos libertar das amarras do medo e transformar essas situações em oportunidades de crescimento.

O primeiro passo é identificar e compreender profundamente os medos. Faça uma lista com os principais medos que afetam sua vida. Eles são baseados em alguma experiência traumática do passado? São projeções catastróficas sobre o futuro? Refletir e escrever sobre nossos medos contribui para desmistificá-los e reduzir seu poder.

Outra técnica muito eficiente é reformular a perspectiva sobre o objeto ou situação temida. Ao invés de visualizar o pior cenário possível, desafie-se a criar uma narrativa mental mais positiva associada ao objeto do medo.

Por exemplo, se você tem medo de avião, visualize-se desfrutando de uma viagem tranquila e prazerosa. Imagine detalhes multissensoriais como a poltrona confortável, a beleza das nuvens, o alívio ao pousar suavemente no destino. Crie uma nova memória mental de uma experiência positiva para substituir a antiga associação negativa.

Essa reestruturação da perspectiva permite reprogramar aos poucos os circuitos neurais, mudando as associações emocionais arraigadas que alimentavam o medo. Aos poucos o medo vai perdendo espaço para sensações mais positivas.

A técnica de ancoragem, já abordada anteriormente, também pode ser muito útil para gerenciar medos e fobias.

Primeiro, identifique um estado emocional positivo que gostaria de vivenciar ao enfrentar a situação temida, como coragem, tranquilidade, serenidade ou confiança. depois, use a ancoragem para associar esse estado mental desejado a um estímulo externo, como um gesto, palavra ou imagem. Por exemplo, você pode ancorar a sensação de coragem e confiança ao gesto de cruzar dois dedos.

Ao se deparar com a situação temida, basta ativar o gesto âncora que isso desencadeará a sensação positiva programada previamente, permitindo lidar com o desafio de forma muito mais efetiva e tranquila.

Para medos e fobias mais complexas, uma técnica muito eficaz é a desconstrução gradual.

Identifique todos os elementos da situação temida e divida-os em etapas progressivas de menor para maior desafio emocional. Por exemplo, para superar o medo de dirigir, comece dirigindo na garagem, depois no quarteirão, depois no bairro, e assim por diante até se sentir totalmente confortável.

Enfrentando os desafios aos poucos, começando pelo aspecto menos temido, você permite uma adaptação gradual, respeitando seu próprio ritmo. Essa desconstrução estruturada aumenta a sensação de controle e domínio sobre o processo.

Outro aspecto importante é monitorar e reformular sua linguagem interior. Observe como você se refere a si mesmo(a) e à situação temida em seus diálogos internos. As palavras que usamos moldam nossa realidade subjetiva. Quando nos chamamos de "fracassados" ou "incapazes", essas ideias ganham poder.

Substitua qualquer linguagem interna negativa ou derrotista por afirmações positivas, encorajadoras e compassivas. Por exemplo: "Eu tenho força para superar este desafio" ou "Acredito no meu potencial".

Essas frases de empoderamento vão, pouco a pouco, reprogramando sua mente para uma perspectiva mais positiva e proativa diante de situações temidas.

A exposição gradual também é uma técnica largamente utilizada na PNL para superar fobias e traumas. Comece se expondo à situação temida de forma breve e controlada. Por exemplo, para superar a fobia social, tente primeiro cumprimentar um estranho por cinco segundos, aos poucos, vá aumentando o tempo e a interação. À medida que você se habitua e se sente mais confortável, continue aumentando gradualmente o nível de exposição. Eventualmente, a ansiedade associada à situação vai se extinguindo e dando lugar à sensação de domínio.

Lembre-se de celebrar cada pequena vitória! Valorize seus esforços e tenha paciência consigo, mudar padrões emocionais profundamente enraizados requer tempo, mas é possível.

Ao aplicar essas técnicas poderosas da PNL, você pode enfrentar e superar seus medos, assumindo maior controle sobre sua vida. Lembre-se, do outro lado do medo, existe uma sensação de libertação e expansão que merece ser vivida.

A gestão eficaz do estresse é outra habilidade essencial que a Programação Neurolinguística (PNL) pode nos proporcionar. Em um mundo cada vez mais complexo e dinâmico, saber lidar com a pressão de forma saudável é fundamental para a qualidade de vida.

O primeiro passo é reconhecer os sinais de estresse em nós mesmos. Esteja atento(a) a indicadores físicos, como tensão muscular, dor de cabeça ou alterações nos batimentos cardíacos. Em termos emocionais, irritabilidade, ansiedade e variações abruptas de humor podem indicar a presença do estresse.

No plano mental, pensamentos acelerados, dificuldade de concentração e pessimismo são sinais comuns. Reconhecer esses sinais precocemente permite tomar medidas proativas antes que o estresse se intensifique.

Uma técnica simples, porém poderosa, para reduzir o estresse de forma quase imediata é a respiração profunda e consciente. Reserve alguns minutos do dia para focar sua atenção exclusivamente na respiração. Inspire profundamente pelo nariz, segure o ar por três a cinco segundos e, em seguida, expire lentamente pela boca. Repita esse ciclo respiratório várias vezes. Isso irá acionar respostas fisiológicas de relaxamento e desacelerar os pensamentos, promovendo uma sensação de calma interior. Essa prática também pode ser realizada de olhos fechados em uma posição confortável.

Outra técnica importante é o uso de âncoras para estabilizar suas emoções diante do estresse. Escolha um estado emocional positivo, como serenidade, autocontrole ou segurança. Depois, utilize a técnica de ancoragem para associar esse estado a um estímulo externo específico, como um gesto ou imagem. Sempre que se sentir estressado, acione seu estímulo âncora. Isso desencadeará o estado emocional desejado, permitindo que você permaneça centrado(a) e lúcido(a) para lidar com a situação desafiadora.

Além de gerenciar o estresse reativo, é importante praticar a reestruturação cognitiva para mudar padrões de pensamento. Observe seus diálogos internos quando estiver sob pressão. Se você se critica e catastrofiza os problemas isso intensifica o estresse. Ao notar esses pensamentos automáticos e negativos, questione-os.

Substitua a autocrítica por autoconfiança e as projeções catastróficas por uma avaliação racional e equilibrada da situação. Essa mudança de foco mental reduz drasticamente o estresse.

Outra sugestão é cultivar mindfulness por meio da meditação regular. Reserve alguns minutos diários para focar sua atenção de forma não julgativa no momento presente. Observe suas sensações, pensamentos e emoções sem se prender a eles. Essa prática fortalece seu equilíbrio interno.

Você também pode praticar mindfulness durante atividades rotineiras, como comer, caminhar ou trabalhar. O foco mental no aqui e agora libera sua mente das preocupações que geram estresse.

Apenas para contextualizar talvez seja importante esclarecer o que é o mindfulness. Mindfulness, ou atenção plena, é uma prática intencional que envolve estar completamente presente no momento atual. Ao prestar atenção cuidadosa às sensações, como a temperatura e textura ao segurar um copo d'água, e ao observar as emoções vivenciadas, essa abordagem promove uma consciência profunda do momento presente reduzindo o estresse.

Do ponto de vista comportamental, estabelecer limites e priorizar tarefas é essencial. A sobrecarga de demandas e a dificuldade em dizer não são grandes causas de estresse. Selecione menos atividades e foque sua energia no que realmente importa para você. isso trará mais leveza.

Criar um sistema de organização tanto no trabalho quanto em casa também é muito útil. Saber exatamente onde estão seus compromissos e objetos reduz muito a ansiedade e a sensação de sobrecarga.

Outra dica importante é desacelerar. Correria gera estresse. Adote um ritmo mais tranquilo e esteja plenamente presente em cada atividade. A qualidade do momento presente é mais importante que a quantidade de tarefas cumpridas.

A Programação Neurolinguística também oferece uma perspectiva única para lidar com conflitos interpessoais de maneira construtiva. Ao compreender os fundamentos envolvidos, podemos transformar discordâncias em oportunidades de entendimento e criação de soluções.

Uma habilidade essencial é a empatia ativa com todas as partes envolvidas. Isso significa não apenas ouvir, mas buscar compreender profundamente as emoções, necessidades e perspectivas da outra pessoa. Faça perguntas abertas, demonstre interesse genuíno e reflita o que foi compartilhado para indicar que a mensagem foi recebida.

Quando as pessoas se sentem verdadeiramente compreendidas, ficam mais receptivas para o diálogo. Validar não significa concordar, mas cria uma base de confiança para a resolução.

Outro ponto importante é reconhecer que cada pessoa tem uma forma única de perceber a realidade e se comunicar. Na PNL, buscamos entender os sistemas representacionais predominantes, os valores e as motivações envolvidas. Isso evita julgamentos e abre espaço para contemplar diferentes ângulos da questão. Uma dica é pedir às partes que verbalizem sua compreensão da perspectiva oposta. Isso incentiva a consideração mútua.

Ao demonstrar respeito pelas diferenças individuais, criamos um ambiente no qual cada lado se sente visto e incluído, o que facilita o consenso. A técnica de modelagem também pode contribuir para uma abordagem mais eficaz dos conflitos. Identifique casos em que divergências similares foram resolvidas com sucesso. Quais estratégias e comportamentos foram aplicados nessas situações?

Analise padrões recorrentes de comunicação compassiva, escuta ativa e criatividade na geração de soluções integradoras. Depois, incorpore gradualmente essas boas práticas em sua própria abordagem.

O modelo mental de uma resolução bem sucedida influencia positivamente os pensamentos, emoções e ações em discordâncias futuras.

A comunicação não violenta, em alinhamento com a PNL, também pode ser muito útil. Ela envolve expressar observações, sentimentos e necessidades de forma empática. Evite julgamentos e acusações. Foque no que precisa ser compreendido. Peça claramente o que deseja, mas com flexibilidade sobre como a necessidade pode ser atendida. Isso gera mais boa vontade para a colaboração.

Abordar crenças limitantes também é essencial para uma resolução eficaz, muitas vezes, conflitos são alimentados por percepções distorcidas ou falsas sobre a outra parte. Desafiar essas crenças pode revelar novos ângulos.

Faça perguntas para investigar onde determinada ideia foi formada. Incentive todos a verbalizar e explicar seus pontos de vista, assim a origem da discordância se tornará mais clara.

Ao elucidar crenças automáticas não examinadas, abre-se espaço para mudanças de perspectivas que aproximem as partes.

Outro aspecto importante é identificar interesses em comum. Muitas vezes nos prendemos tanto à nossa posição que perdemos de vista os interesses mais amplos e compartilhados entre as partes. Foque na identificação desses interesses, valores e objetivos superiores partilhados pelos envolvidos. Isso gera motivação para cooperar em soluções que beneficiem ambos os lados.

Muitos conflitos se originam da falta de um propósito unificador. Ao criar uma visão compartilhada de para onde se quer chegar, fica mais fácil alinhar os comportamentos de cada parte nessa direção.

Mesmo que as perspectivas sejam divergentes, encontrar um objetivo, sonho ou missão que seja maior que essas diferenças ajuda muito a resolver a discordância de forma madura e construtiva.

Em resumo, desenvolver habilidades como escuta empática, comunicação não violenta, modelagem, desconstrução de crenças limitantes e identificação de interesses comuns permite transcender conflitos interpessoais e criar soluções sinérgicas. Ao aplicar essas técnicas, você estará mais apto(a) a facilitar a resolução de conflitos em vários contextos, desde relações familiares até ambientes profissionais e comunitários.

Lembre-se sempre que os conflitos, quando abordados de forma consciente, são oportunidades de aprendizado e aprimoramento de relacionamentos. Mantenha uma atitude positiva, compassiva e esperançosa. As pessoas são fundamentalmente cooperativas quando compreendidas e respeitadas em profundidade.

Capítulo 9
Reprogramação Mental
PNL Avançada

Após explorar as técnicas centrais da Programação Neurolinguística, como ancoragem, modelagem e gerenciamento de crenças, você está pronto(a) para se aprofundar no estudo de tópicos mais avançados, que levam os fundamentos da PNL a outro nível.

Um desses tópicos cruciais envolve um conjunto de técnicas e modelos complexos para facilitar mudanças profundas na mente e na vida das pessoas.

Um exemplo de PNL avançada é o modelo de estados de consciência, que categoriza os estados mentais e emocionais em níveis como: embriagado, sonolento, alerta, comprometido, visionário e espiritual. Cada estado vibra em uma frequência diferente e tem propósitos específicos.

O objetivo é aprender a transitar livremente entre esses estados, assumindo aquele mais adequado a cada situação. Isso amplia o repertório de recursos mentais e emocionais disponíveis. A maestria sobre os estados internos é libertadora.

Outras técnicas incluem o meta modelo linguístico, usado para analisar e transformar padrões limitantes no uso da linguagem, e o Milton modelo, que emprega linguagem artística para influenciar estados mentais e comportamentos. Essas técnicas, explicadas em páginas anteriores, quando dominadas, permitem reestruturar crenças de identidade em níveis profundos, gerando mudanças extraordinárias.

A integração de partes ou subpersonalidades conflitantes é outra técnica avançada de grande valor terapêutico. Muitas vezes carregamos aspectos de nossa psique que estão fragmentados ou em conflito, como nosso lado artístico versus nosso lado racional, por exemplo. Isso gera obstáculos internos à felicidade e ao desempenho.

Através de diálogos guiados, essas partes podem ser integradas em uma identidade mais coesa e multifacetada, onde todos os aspectos do ser são valorizados e alinhados. Isso resolve conflitos internos crônicos. Técnicas hipnóticas também podem ser usadas em PNL avançada para acessar e remodelar padrões arraigados. O transe hipnótico aumenta a receptividade a novas ideias e identidades.

Essas e outras técnicas requerem um profundo nível de treinamento para serem aplicadas, seu imenso poder de transformação interna precisa ser usado com sabedoria, respeito e consentimento do cliente.

Outro caminho de expansão da PNL é sua integração com a prática meditativa.

A meditação é uma das formas mais profundas de desenvolver autoconhecimento, clareza mental e bem-estar. Combiná-la com a PNL potencializa os benefícios de ambas as abordagens.

Durante a meditação, cultivamos a capacidade de focar e acalmar os pensamentos. Isso permite observar padrões mentais com mais objetividade, criando insights sobre crenças e identidades limitantes que então podem ser remodeladas.

A prática meditativa também amplia a autoconsciência e nos conecta com recursos internos de sabedoria, paz e discernimento. Isso gera insights sobre nossa verdadeira essência e propósito de vida.

Com essas percepções, podemos usar as técnicas da PNL de forma mais sábia e compassiva, guiados por uma visão expansiva, e não apenas por desejos egoicos. Alguns benefícios específicos da integração da meditação com a PNL são:

Maior foco e clareza mental, permitindo definir metas e aplicar técnicas da PNL com mais eficiência.

Aumento da autoconsciência e autoconhecimento, essenciais para promover mudanças positivas.

Capacidade aprimorada de controlar pensamentos e emoções, facilitando estados receptivos às reprogramações.

Acesso a insights e sabedoria além do ego, guiando o uso ético e compassivo da PNL.

Aumento da intuição e criatividade, potencializando soluções inovadoras aos desafios.

Maior sensação de propósito e significado na vida, determinando objetivos de alinhamento à sua missão única.

Acalmamento de diálogos mentais excessivos, permitindo escutar sinais valiosos do inconsciente.

Estado ampliado de consciência que integra todas as dimensões da vida: matéria, mente, alma e espírito.

Eis alguns pontos essenciais para uma prática meditativa eficaz:

Encontre um local tranquilo e uma posição confortável sentado(a) ou deitado(a). Mantenha a coluna reta para permitir livre fluxo de energia.

Foque sua atenção na respiração, observando o ar entrar e sair do ar dos pulmões, isso ancora você no momento presente.

Quando seu foco se dispersar em pensamentos aleatórios, observe-os com gentileza e retorne calmamente sua atenção à respiração.

Dedique de 10 a 20 minutos diários para a prática. Pela manhã ao acordar ou à noite antes de dormir costuma ser o ideal.

Explore diferentes abordagens como mindfulness, meditação transcendental, visualização guiada e meditação caminhando.

Evite forçar ou se cobrar durante a prática. Tenha disciplina, mas com leveza, a meditação deve ser um momento de paz.

Com regularidade, suas ondas cerebrais se acalmam, reduzindo padrões de pensamento excessivos que geram estresse e sofrimento.

Ao levantar da meditação, traga a atenção plena para suas atividades presentes. A integração na rotina amplifica os benefícios. Existem meditações específicas que potencializam as técnicas. Antes de uma visualização criativa, por exemplo, medite para acessar uma consciência expansiva que guia o processo.

Após sessões de PNL, medite para integrar calmamente as reprogramações realizadas. Foque sua atenção em áreas do corpo para enviar energias de cura e remodelação celular. Dedique uma meditação para cada crença limitante, visualizando e sentindo a crença alternativa desejada. Foque em qualidades que deseja desenvolver, como paciência, coragem e compreensão amorosa etc. Visualize, com riqueza de detalhes, o resultado de metas já alcançadas, para programar o subconsciente. Ao acordar, dedique alguns minutos visualizando e sentindo gratidão pelo dia que se inicia.

Antes de dormir, reflita com gratidão sobre os pontos positivos do dia. Isso gera bem-estar. Explore estados meditativos mais profundos para alcançar insights sobre seus dons e sua missão de vida. Peça inspiração è sabedoria ao seu Divino, Seu Deus ou a Energia que tudo Constrói para guiar suas decisões e ações, não importa suas crenças religiosas.

O relaxamento profundo proporcionado pela meditação também apresenta benefícios significativos à saúde com comprovação científica. A meditação acalma o sistema nervoso simpático, ativando o parassimpático e a resposta de relaxamento do corpo. Ela reduz a pressão sanguínea, risco de ataques cardíacos e níveis de cortisol, o hormônio do estresse, aumentando a imunidade, reduzindo inflamações crônicas, melhorando a qualidade do sono e promovendo mais neurogênese.

A conexão com o Divino também traz paz e sensação de propósito que nenhuma conquista material pode proporcionar.

Integre a meditação e a PNL como práticas cotidianas para cuidar da saúde integral: corpo, mente, alma e espírito. Elas se potencializam.

Ao dominar estados meditativos, ampliamos nossa janela de tolerância aos eventos da vida. Desenvolvemos ecuanimidade. Momentos de quietude interior são essenciais para equilibrar a agitação da vida moderna. Silenciar a mente é um ato de amor por nós mesmos.

A contínua expansão de consciência transcende nosso senso de identidade limitado, conectando-nos ao infinito dentro e fora de nós.

A PNL nos fornece insights sobre a mente e ferramentas para moldar nossos padrões mentais. Já a meditação transcende a mente, conectando-nos com algo muito maior: a Consciência Universal de que todos somos parte.

Juntas, PNL e meditação nos capacitam a assumir as rédeas do destino e simultaneamente nos entregar ao fluxo cósmico da vida, em perfeito equilíbrio entre controle e renúncia.

Ao praticar meditação com regularidade, cultivamos qualidades como paciência, resiliência e compaixão. Isso torna o uso das técnicas da PNL mais responsável e sábio.

Meditação e PNL são caminhos complementares de autoconhecimento, autogerenciamento e manifestação do potencial único que existe em você. Explore-os profundamente, tenha sempre um olhar amoroso sobre seus possíveis erros ou limitações. Todos nós estamos em processo de evolução. Seja paciente.

Capítulo 10
Alcance Seus Objetivos

Pesquisas recentes apontam que menos de 10% das pessoas atingem suas metas de Ano Novo. Por que essa falta de sucesso? Especialistas acreditam que a razão está na deficiência das metas em si. Sem objetivos bem definidos e estratégias sólidas, até as melhores intenções acabam frustradas. A Programação Neurolinguística (PNL) oferece uma abordagem única para a definição e consecução de metas. Em nosso mundo dinâmico e complexo, a capacidade de estabelecer metas claras e alcançáveis é fundamental para o sucesso pessoal e profissional.

A primeira etapa para alcançar seus objetivos é ter clareza sobre o que exatamente você deseja realizar ou conseguir. Essa abordagem destaca a importância de formular metas de maneira específica, mensurável, alcançável, relevante e com prazo determinado o que nominamos como critérios SMART.

O termo SMART não é a versão em inglês para a palavra "Inteligente" é na verdade um acrônimo que representa uma abordagem estruturada para formular metas. Esses critérios são:

S = Specific (Específicas):

As metas devem ser claras e definidas de maneira precisa, evitando ambiguidades. Isso significa que os objetivos devem responder a perguntas como quem, o quê, quando, onde e por que.

M = Measurable (Mensuráveis):

As metas devem ser quantificáveis, permitindo a medição objetiva do progresso. Isso envolve a definição de indicadores tangíveis que indicaquem o alcance dos objetivos.

A = Achievable (Alcançáveis):

Estabelecer metas alcançáveis na Programação Neurolinguística (PNL) envolve criar objetivos desafiadores, porém realistas e totalmente ao seu alcance. É crucial evitar metas impossíveis, como viajar no tempo ou desenvolver a habilidade de voar batendo asas. Para algumas pessoas, algumas metas podem parecer inatingíveis, sendo essencial adaptar seus objetivos à realidade aplicável.

Ao considerar o critério "Alcançáveis" na PNL, é imperativo levar em conta os recursos disponíveis, as habilidades pessoais e as limitações individuais. Dessa forma, seus objetivos devem ser concebidos levando em consideração as circunstâncias reais. Mesmo que essas metas sejam desafiadoras, a PNL enfatiza que devem permanecer dentro dos limites do realizável, proporcionando um equilíbrio entre a ambição e a praticidade.

R = Relevant (Relevantes):

Na Programação Neurolinguística (PNL), a importância de alinhar metas aos seus valores fundamentais e objetivos de longo prazo é uma peça central na construção de um caminho significativo e satisfatório. O processo de definição de metas vai além da simples formulação de conquistas tangíveis; ele busca uma integração mais profunda com a sua visão global de vida.

Ao alinhar metas aos seus valores mais profundos, você cria uma sinergia intrínseca entre suas aspirações e aquilo que é genuinamente significativo. A PNL reconhece que metas desconectadas de valores pessoais resultam em esforços mal direcionados, levando a conquistas vazias e insatisfatórias. Garantir que suas metas contribuam para a sua visão de longo prazo é uma estratégia para evitar o desperdício de esforços em objetivos que não agregam valor significativo à vida. Essa abordagem proativa não apenas maximiza a eficácia na busca de metas, mas também promove um senso de propósito mais profundo.

Ao direcionar suas ambições para objetivos alinhados com seus valores, você cria um sentido de coerência entre o que busca alcançar e quem é como pessoa. A PNL destaca que essa congruência é essencial para uma jornada de realização pessoal duradoura. Portanto, ao definir metas, considere não apenas o que você quer conquistar, mas também como essas conquistas se integram ao quadro mais amplo de seus valores e visão de longo prazo. Isso não só impulsiona a eficácia, mas também enriquece a jornada com significado e satisfação genuína.

T = Time-bound (Com Prazo Determinado):

No âmbito da Programação Neurolinguística (PNL), o critério "Com Prazo Determinado" destaca a importância de atribuir prazos claros e específicos às metas estabelecidas. Esta abordagem temporal não apenas adiciona uma dimensão de urgência, mas também desempenha um papel vital no impulso à ação e na promoção da avaliação regular do progresso.

Estabelecer prazos definidos cria um senso de urgência que serve como poderoso motivador. Ao atribuir um limite de tempo para a realização de uma meta, você ativa um mecanismo psicológico que impulsiona a dedicação e a energia em direção a essa conquista específica. Essa urgência não apenas previne a procrastinação, mas também estimula a concentração e a produtividade. Além disso, a temporalidade definida permite a avaliação periódica do progresso. A PNL enfatiza a importância de analisar o avanço em intervalos específicos, permitindo ajustes e adaptações quando necessário. Essa prática não apenas fornece insights valiosos sobre a eficácia do plano, mas também possibilita a celebração de pequenas vitórias ao longo do caminho, fortalecendo positivamente o engajamento e a determinação.

Portanto, estabelecer prazos para suas metas não é apenas uma questão de gerenciamento do tempo, mas uma estratégia psicológica poderosa para impulsionar a ação, manter o foco e promover um ciclo contínuo de avaliação e ajuste em direção ao alcance dos objetivos.

Ao seguir esses critérios SMART, você não apenas estabelece metas de maneira clara, mas também aumenta significativamente a probabilidade de alcançá-las. Essa abordagem estruturada da PNL oferece um guia prático para transformar aspirações em objetivos tangíveis, fornecendo uma base sólida para a criação e implementação de um plano de ação eficaz.

Por outro lado, os sistemas representacionais, um dos conceitos centrais dessa abordagem discutidos em páginas anteriores, desempenham um papel crucial na definição de metas. Ao compreender como você representa mentalmente suas metas - seja visualmente, auditivamente ou cinestesicamente - você pode ajustar e alinhar essas representações para aumentar a motivação e a clareza. A abordagem proativa em relação aos obstáculos desempenha um papel fundamental na realização de metas. A PNL incentiva não apenas a definição clara de objetivos, mas também a análise detalhada e a antecipação dos desafios potenciais que podem surgir durante a jornada.

Ao antecipar obstáculos, você se equipa para desenvolver estratégias preventivas. Isso implica em criar um plano de ação que não apenas aborda os passos necessários para alcançar a meta, mas também considera possíveis contratempos. Essa antecipação estratégica não apenas reduz a surpresa diante de desafios, mas também permite uma resposta mais rápida e eficaz quando eles surgem.

Além disso, a PNL destaca a importância de identificar os recursos internos necessários para superar obstáculos. Isso envolve um profundo entendimento das habilidades, forças e qualidades pessoais que podem ser mobilizadas durante períodos desafiadores. Ao reconhecer esses recursos internos, a PNL fortalece a resiliência emocional e a determinação, fornecendo uma base sólida para o enfrentamento de adversidades.

Em relação aos obstáculos transcendes, a mera reação a problemas inesperados, ativa a preparação mental e emocional. Ao integrar essa perspectiva na busca de metas, a PNL não apenas facilita a superação de desafios, mas também promove um desenvolvimento contínuo da resiliência, essencial para o alcance de metas a longo prazo.

Mas definir metas é apenas o primeiro passo; a implementação bem-sucedida requer um plano de ação sólido. Essa abordagem oferece técnicas para estruturar planos eficazes, incluindo a quebra de metas em passos menores e a definição de prazos realistas. Isso não apenas facilita a execução, mas também promove um senso de conquista ao atingir marcos intermediários.

Ainda dentro do contexto da Programação Neurolinguística (PNL), a modelagem emerge como uma prática central e poderosa, oferecendo uma abordagem única para aprimorar o desenvolvimento de planos de ação. Exploraremos como essa técnica, previamente discutida em capítulos anteriores, pode ser aplicada de maneira pragmática, especialmente quando se trata de estudar e incorporar o sucesso de outros indivíduos em áreas similares.

A modelagem envolve a observação e análise detalhada dos comportamentos, estratégias e padrões de pensamento de indivíduos que alcançaram sucesso em determinada área. Ao extrair insights valiosos desses casos de sucesso, você cria um conjunto de estratégias tangíveis que podem ser aplicadas ao desenvolvimento do seu próprio plano de ação.

Estudar os métodos e abordagens de outros não apenas fornece inspiração, mas também oferece um guia prático para aumentar a eficácia do seu plano. A PNL destaca a importância de identificar padrões de sucesso, adaptando-os às suas circunstâncias específicas e objetivos. Essa adaptação personalizada é fundamental para garantir que as estratégias se alinhem harmoniosamente com suas necessidades individuais.

Ao incorporar a modelagem no desenvolvimento do plano de ação, você potencializa a capacidade de aprender com a experiência e a expertise de outros. Esse processo não apenas acelera o progresso, mas também oferece uma perspectiva valiosa sobre como abordar desafios e superar obstáculos.

Portanto, modelagem não é apenas uma técnica, mas uma abordagem transformadora para impulsionar o sucesso pessoal. Ao integrar as lições de outros vitoriosos em seu próprio plano, você não apenas aprende com o passado, mas molda ativamente um futuro de conquistas baseado em estratégias comprovadas e adaptadas à sua singularidade.

Dentro dos alicerces da Programação Neurolinguística (PNL), a flexibilidade se destaca como uma virtude essencial durante a implementação de um plano de ação. Essa abordagem específica enfatiza a necessidade de ser ágil e adaptável, reconhecendo que a jornada rumo aos objetivos é dinâmica e sujeita a mudanças. Os fundamentos da PNL ressaltam que a rigidez pode ser um obstáculo ao sucesso. Durante a implementação do plano de ação, a PNL enfatiza a importância de uma avaliação constante. Isso significa não apenas analisar o progresso, mas também avaliar a eficácia das estratégias adotadas. Esta análise contínua proporciona insights cruciais, permitindo ajustes e refinamentos conforme necessário.

A capacidade de adaptar-se a mudanças inesperadas é uma habilidade importante, é reconhecer que, ao longo da jornada, podem surgir obstáculos inesperados, desafios não previstos ou oportunidades imprevistas. A flexibilidade não apenas permite responder a essas mudanças de maneira eficaz, mas também transforma desafios inesperados em oportunidades para o crescimento e a inovação.

A flexibilidade não implica em abandonar metas ou compromissos, mas em ajustar as estratégias para melhor se adequar às circunstâncias em evolução. Essa abordagem não só aumenta a probabilidade de sucesso, mas também fortalece a resiliência e a adaptabilidade do indivíduo.

Em suma, a flexibilidade não é apenas uma conveniência, mas uma ferramenta estratégica crucial. Ao adotar essa mentalidade flexível durante a implementação do plano de ação, você não apenas se torna mais apto(a) a enfrentar mudanças, mas também potencializa as chances de alcançar seus objetivos de maneira eficaz e satisfatória.

A Programação Neurolinguística (PNL) continua a oferecer insights valiosos sobre a manutenção de altos níveis de motivação ao longo do tempo. Uma técnica especialmente destacada é o uso de âncoras, uma estratégia poderosa que permite a associação de estados emocionais positivos à realização de metas, proporcionando uma fonte constante de impulso motivacional.

Como explicado anteriormente, as âncoras funcionam como gatilhos psicológicos que associam um estado emocional específico a um estímulo particular. Ao aplicar essa técnica ao desenvolvimento de metas, você cria conexões profundas entre o sucesso e estados emocionais positivos. Cada vez que a âncora é acionada, seja visual, auditiva ou cinestesicamente, ela reativa estados emocionais positivos, mantendo um impulso motivacional consistente.

A associação de emoções positivas à realização de metas é fundamental para sustentar a motivação ao longo do tempo. A PNL reconhece que, durante a jornada, podem surgir desafios e momentos de desânimo. As âncoras atuam como fonte constante de inspiração, lembrando você dos benefícios emocionais e pessoais associados ao alcance dos objetivos.

Ao longo do tempo, a prática contínua das âncoras fortalece a conexão entre o processo de busca de metas e a emoção positiva, transformando a busca de objetivos em uma jornada emocionalmente envolvente. Isso não apenas mantém a motivação elevada, mas também contribui para uma abordagem mais positiva e gratificante na busca contínua por conquistas.

Técnicas como as âncoras servem não apenas iniciar, mas sustentar altos níveis de motivação ao longo de toda a jornada. Ao incorporar essa prática no desenvolvimento do plano de ação, você não apenas impulsiona sua motivação, mas cria uma base sólida de satisfação emocional e persistência durante a busca de metas.

A persistência se destaca como uma qualidade essencial na consecução de metas, mas muitas vezes, a persistência é desafiada por crenças limitantes, padrões de pensamento negativos que podem minar a determinação. Abordar esse desafio envolve uma análise profunda e uma reestruturação consciente dessas crenças, transformando-as em afirmações positivas que fortalecem o compromisso conforme explicado em páginas anteriores.

Ao enfrentar obstáculos persistentes, é vital examinar as crenças subjacentes que podem estar contribuindo para a falta de persistência. Essas crenças limitantes residem no subconsciente e podem se manifestar como autocríticas, dúvidas ou medos que minam a determinação. Identificar essas crenças é o primeiro passo crucial. A abordagem da PNL propõe a reestruturação ativa dessas crenças. Isso envolve substituir os padrões de pensamento negativos por afirmações positivas e capacitadoras. Através da conscientização dessas crenças limitantes, você pode remodelar a narrativa interna, cultivando uma mentalidade mais positiva e fortalecedora.

A substituição de padrões de pensamento negativos por afirmações positivas não é apenas uma mudança superficial; é um processo de reprogramação mental. A PNL destaca a importância da consistência e repetição nesse processo. Ao incorporar afirmações positivas regularmente, você não apenas desafia crenças limitantes, mas fortalece uma mentalidade mais resiliente e determinada ao longo do tempo. Essa prática não só influencia a forma como você percebe desafios, mas também afeta diretamente sua capacidade de persistir diante de obstáculos. Ao reestruturar crenças limitantes, você se capacita a enfrentar adversidades com uma mentalidade mais positiva, impulsionando a persistência e contribuindo significativamente para o sucesso contínuo na busca de metas.

Ao alcançar metas, os fundamentos dessa abordagem enfatizam a importância de celebrar as pequenas vitórias ao longo do caminho. Isso não apenas reforça positivamente o progresso, mas também mantém um estado mental positivo.

No contexto abordado, a Programação Neurolinguística (PNL) ressalta a importância intrínseca da conexão entre metas e valores pessoais. Essa abordagem destaca que, ao alinhar suas realizações com o que é verdadeiramente significativo você não apenas atinge objetivos, mas também cria uma sensação profunda de propósito e satisfação. Estabelecer metas desvinculadas de seus valores fundamentais pode levar a conquistas vazias ou insatisfatórias. Portanto, a primeira consideração é a reflexão sobre quais valores são essenciais para você. Esses valores podem incluir integridade, autenticidade, crescimento pessoal, contribuição para a comunidade, entre outros. Ao definir metas alinhadas a seus valores, você cria uma sinergia poderosa entre o que deseja alcançar e o que é verdadeiramente importante. Isso não só aumenta a probabilidade de sucesso na busca de metas, mas também proporciona uma experiência mais significativa ao longo da jornada.

A conexão entre metas e valores pessoais não apenas aumenta a motivação, mas também gera uma satisfação profunda. A realização de metas que ressoam com seus valores fundamentais cria a sensação de congruência e autenticidade. Esse alinhamento não apenas fortalece a determinação, mas também contribui para uma sensação profunda de propósito na vida.

Na prática, essa conexão é considerada um fator crucial para o sucesso sustentável. Ao criar metas alinhadas a seus valores, você não apenas atinge marcos específicos, mas também molda um estilo de vida que está enraizado na autenticidade e na busca contínua do que é verdadeiramente significativo.

Portanto, no âmbito da PNL, a conexão entre metas e valores pessoais não é apenas uma recomendação, mas uma estratégia fundamental para garantir que cada conquista contribua para uma vida plena de propósito e satisfação.

Ao aplicar esses princípios e técnicas em torno da definição e busca de metas, você estará equipado(a) não apenas para atingir resultados tangíveis, mas também para experimentar uma jornada de crescimento pessoal significativo, porém a definição clara de metas é apenas o ponto de partida; a eficácia real reside na implementação estratégica bem planejada. Essa abordagem enfatiza a necessidade de monitoramento constante e feedback ao longo da jornada. Estabelecer indicadores de progresso e mecanismos para avaliar o sucesso ajuda a manter o curso e a realizar ajustes quando necessário. Feedbacks regulares proporcionam insights valiosos que podem aprimorar a eficácia do plano.

A inteligência emocional, uma área abordada por essa perspectiva, desempenha papel crucial no desenvolvimento do plano de ação. Entender e gerenciar suas próprias emoções durante a implementação é essencial para manter a motivação e superar desafios. Além disso, essa abordagem oferece técnicas para cultivar um estado mental positivo, contribuindo para a resiliência emocional.

Essa perspectiva reconhece a importância dos hábitos na consecução de metas. Ao incorporar a criação de hábitos produtivos no plano de ação, você estabelece rotinas que suportam consistentemente seus objetivos. A repetição consciente de comportamentos positivos forma a base para o sucesso a longo prazo. As ferramentas de PNL fornecem meios para enfrentar mudanças inesperadas e superar obstáculos. A mentalidade adaptativa, combinada com estratégias específicas para lidar com desafios, aumenta a probabilidade de sucesso mesmo diante de circunstâncias imprevistas.

Ao integrar esses princípios ao desenvolvimento do plano de ação, você cria uma base sólida para a consecução de metas. Alcançar metas não é apenas uma jornada de definição e implementação; é também uma exploração constante de persistência e motivação.

A PNL oferece técnicas poderosas para manter níveis elevados de motivação durante toda a jornada de busca de objetivos. Os fundamentos dessa abordagem destacam a importância de direcionar a atenção para o processo, não apenas para o resultado final. Ao desmembrar metas em passos menores e celebrar sucessos intermediários, você mantém o foco na jornada, o que contribui para uma sensação contínua de realização.

Conhecer-se profundamente é uma parte integral da persistência e motivação. Essa perspectiva incentiva a reflexão regular sobre seus valores, paixões e objetivos pessoais. Ao alinhar seus objetivos com quem você é autenticamente, você cria uma fonte interna de motivação que vai além de recompensas externas.

Compartilhar metas com outros, seja amigos, familiares ou colegas, também é uma estratégia poderosa. A responsabilidade social e o apoio emocional provenientes desse compartilhamento contribuem significativamente para a manutenção da motivação. Além disso, é uma maneira de se conectar aos outros que compartilham interesses semelhantes.

Ao incorporar esses princípios no gerenciamento da persistência e motivação, você não apenas fortalece sua determinação, mas também transforma a jornada em um processo gratificante de autodescoberta e crescimento contínuo.

Além da definição de metas, implementação de planos e manutenção da motivação, a verdadeira conquista reside na experiência de felicidade e realização ao atingir os objetivos. Os fundamentos da PNL destacam a importância de celebrar cada conquista, por menor que seja. A prática regular de reconhecer e comemorar os progressos, mesmo os mais modestos, não apenas fortalece a confiança, mas também cria um ambiente emocional positivo que impulsiona ainda mais a jornada.

Em busca de metas, é fácil se perder no processo e negligenciar outros aspectos importantes da vida. Manter uma vida equilibrada, onde o sucesso profissional não é alcançado à custa da saúde ou relacionamentos, contribui para uma sensação duradoura de felicidade.

A prática da gratidão e do mindfulness é promovida como parte integrante da jornada. Cultivar a capacidade de apreciar o presente e reconhecer as bênçãos ao longo do caminho não apenas eleva o espírito, mas também mantém uma perspectiva positiva, independentemente dos desafios.

É preciso manter uma mentalidade de aprendizado contínuo, mesmo após a conquista de metas. Refletir sobre a jornada, identificar lições aprendidas e considerar como aplicar essas experiências no futuro promove um ciclo constante de crescimento pessoal.

O sucesso pessoal, quando alinhado aos princípios dessa abordagem, não ocorre em um vácuo. A maneira como você define e atinge suas metas pode ter um impacto positivo nas suas relações pessoais. A empatia, a comunicação eficaz e a compreensão das necessidades dos outros são habilidades que contribuem para relações mais saudáveis e satisfatórias.

É necessário uma abordagem otimista para encarar o futuro. Ao atingir metas e experimentar a felicidade associada, você desenvolve uma confiança renovada em sua capacidade de superar desafios futuros. A visão positiva do futuro se torna um motor para buscar objetivos ainda mais ambiciosos.

Ao integrar esses elementos na busca de objetivos, você não apenas alcança resultados tangíveis, mas também cria uma base sólida para uma vida plena de significado, felicidade e realização. Essa abordagem não é apenas uma ferramenta para alcançar metas; é um guia para viver uma vida que ressoa com autenticidade e prosperidade.

Capítulo 11
PNL Para Carreiras Específicas

A customização é uma das grandes vantagens da PNL, que pode ser adaptada para potencializar o desempenho e os resultados em praticamente qualquer carreira ou campo de atuação. Por mais distintas que sejam as profissões, a comunicação eficaz, o rapport, a modelagem e outros princípios da PNL oferecem diferenciais valiosos.num contexto mais amplo, explorado em capítulos anteriores em relação às interações interpessoais, agora focalizamos como a PNL pode ser aplicada em diversas profissões. Um exemplo ilustrativo é a adaptação da comunicação em vendas, reconhecendo e respondendo aos diferentes estilos preferenciais dos clientes.

No universo corporativo, profissionais de vendas podem aprimorar drasticamente sua influência e resultados ao aplicar ferramentas da PNL. Ao identificar o sistema representacional predominante de cada cliente, o vendedor pode adaptar sua abordagem, seu discurso e os recursos visuais que utiliza durante a apresentação do produto ou serviço.

Para profissionais de vendas, a compreensão das preferências sensoriais dos clientes é crucial para estabelecer uma conexão profunda e eficaz. A PNL oferece um insight valioso nesse aspecto, destacando que as pessoas têm diferentes estilos de processamento de informações - visual, auditivo e cinestésico. Essa percepção é uma ferramenta poderosa quando aplicada à prática de vendas.

Ao lidar com clientes visuais, a aplicação prática da PNL sugere o uso de elementos visuais na comunicação. Imagens, gráficos, demonstrações visuais e linguagem figurativa são estratégias eficazes.

Esses clientes respondem bem a representações visuais que auxiliam na compreensão do produto ou serviço.

Para clientes auditivos, a comunicação eficaz pode envolver variações de tom de voz, histórias envolventes, testemunhos sonoros e referências à reputação da marca. Essa abordagem leva em consideração a preferência auditiva desses clientes, otimizando a mensagem para ser mais impactante e cativante.

Já clientes cinestésicos, que têm uma inclinação mais forte para experiências táteis e sensações físicas, as melhores respostas são alcançadas quando eles são convidados a experimentar o produto. A PNL sugere estratégias que permitem que esses clientes sintam a textura e a qualidade do produto, proporcionando uma experiência mais tangível.

A aplicação da PNL nessas situações não se trata de manipulação, mas de adaptação responsável e ética. Compreender e respeitar as preferências individuais dos clientes, alinhando a comunicação de vendas de acordo com seus estilos sensoriais, não apenas aumenta a eficácia das interações, mas também fortalece a confiança e a conexão.

Dentro da perspectiva da PNL, a habilidade de personalizar a comunicação para se adequar aos diferentes estilos sensoriais é uma ferramenta valiosa em várias profissões, proporcionando uma abordagem mais centrada no cliente e eficaz em diversas situações profissionais. Além da adaptação ao sistema representacional do cliente, estratégias como espelhamento, asking e ancoragem também podem ser usadas para estabelecer maior rapport, confiança e influência sobre a decisão de compra. Vendedores treinados em PNL se destacam pela capacidade de compreender e se conectar profundamente com cada perfil de cliente.

Outra carreira que se beneficia enormemente da PNL é a oratória e apresentações públicas. Técnicas como modelagem e análise dos sistemas representacionais do público-alvo permitem ao apresentador customizar seu discurso e recursos utilizados de modo a gerar maior engajamento.

Se a plateia é predominantemente visual, o orador pode utilizar mais slides, imagens, vídeos, demonstrações, metáforas, gestos expansivos e uma postura confiante e aberta. Com público auditivo, explorar variações de tom de voz, trilhas sonoras, histórias, diálogos e interações, é mais eficaz. Para plateias cinestésicas, uma abordagem mais experencial, convidando o público a realizar dinâmicas, é mais envolvente. Além da adaptação ao público, o aprendizado da PNL também ensina o orador a gerenciar com maestria seus próprios estados mentais e emocionais. Técnicas como ancoragem e modelagem de grandes comunicadores reduzem o nervosismo, elevam a autoconfiança e aprimoram a postura e gestualidade.

Dentro do cenário esportivo, a modelagem de excelência emerge como uma estratégia fundamental que atletas de alto desempenho incorporam em suas rotinas de treinamento. A Programação Neurolinguística (PNL) oferece uma abordagem única, incentivando os profissionais do esporte a estudarem detalhadamente a técnica, os movimentos e os padrões mentais de grandes campeões em suas respectivas modalidades. A ideia central é absorver esses padrões de excelência, adaptá-los e integrá-los de maneira eficaz para acelerar a evolução do atleta.

A modelagem no contexto esportivo não se limita apenas à replicação de movimentos físicos. Envolve também a assimilação das estratégias psicológicas e da comunicação interna altamente motivadora e focada que os atletas de elite desenvolvem. Isso significa que, além de aprimorar a técnica, os esportistas podem beneficiar-se da modelagem de mindset e abordagens psicológicas vencedoras.

Técnicas específicas da PNL, como ancoragem e visualização criativa, tornam-se ferramentas valiosas nesse processo de modelagem. A ancoragem, por exemplo, permite aos atletas associar estados emocionais positivos a determinadas ações ou momentos, contribuindo para o controle emocional e o desempenho sob pressão. A visualização criativa, por sua vez, capacita os atletas a mentalmente ensaiarem suas performances, reforçando a confiança e o foco durante competições.

A eficácia da modelagem de excelência no esporte é respaldada pela observação de que atletas de elite não apenas treinam seus corpos, mas também suas mentes. Estudar e incorporar padrões mentais de sucesso, resiliência diante de desafios e estratégias de comunicação interna positiva são um diferencial significativo para atletas que buscam alcançar o mais alto nível de desempenho.

Assim, a aplicação da PNL no contexto esportivo transcende a mera repetição de técnicas. Ela se torna uma abordagem holística que visa desenvolver não apenas a habilidade física, mas também a mentalidade vencedora que impulsiona atletas a conquistarem seus objetivos mais ambiciosos.

No cenário da saúde, especialmente para profissionais como médicos e psicólogos, a compreensão profunda de cada paciente por meio da Programação Neurolinguística (PNL) emerge como um fator crucial que pode drasticamente elevar a qualidade do atendimento. A PNL oferece ferramentas valiosas para decifrar os sistemas representacionais predominantes de cada paciente, permitindo uma adaptação perspicaz da linguagem e da abordagem. Esse entendimento aprimorado não apenas estabelece uma conexão mais forte, mas também melhora o rapport e a adesão às recomendações médicas.

Profissionais de saúde habilidosos em PNL têm a capacidade única de influenciar de maneira mais efetiva a mudança de hábitos e comportamentos prejudiciais à saúde dos pacientes. Ao reconhecer e adaptar a comunicação de acordo com os sistemas representacionais individuais, os médicos podem personalizar suas abordagens, tornando as instruções e conselhos mais significativos e relevantes para cada paciente. Isso não apenas fortalece a relação médico-paciente, mas também aumenta a probabilidade de os pacientes seguirem as orientações fornecidas.

No contexto da psicologia, a integração da PNL enriquece significativamente as sessões terapêuticas. Técnicas como a linha do tempo e a reestruturação de crenças limitantes oferecem uma abordagem inovadora para abordar questões emocionais e psicológicas. A linha do tempo, por exemplo, permite aos psicólogos explorar eventos passados e traumas, proporcionando uma compreensão mais profunda das experiências dos pacientes o que facilita processos terapêuticos.

A reestruturação de crenças limitantes é outra ferramenta poderosa da PNL que os psicólogos podem incorporar em suas práticas. Identificar e modificar padrões de pensamento negativos contribui para um progresso mais rápido e sustentável durante a terapia, capacitando os pacientes a superarem desafios emocionais e mentais.

A aplicação da PNL na área da saúde vai além de um simples entendimento superficial. Ela se transforma em uma abordagem personalizada e compassiva, onde profissionais da saúde não apenas tratam sintomas, mas também se conectam de maneira mais significativa aos pacientes, promovendo mudanças positivas e duradouras em sua saúde mental e física.

No âmbito jurídico, especialmente para profissionais do direito, como advogados e promotores, a maestria nos princípios da Programação Neurolinguística (PNL) se revela uma vantagem inestimável na arte da comunicação persuasiva. Essa habilidade não apenas aprimora as relações com clientes e colegas, mas também desempenha um papel crucial em tribunais e negociações. A compreensão profunda e a conexão eficaz com diferentes perfis comportamentais e sistemas representacionais elevam significativamente o poder de influência e a capacidade de conquistar resultados favoráveis.

Em um contexto legal, onde a persuasão é uma ferramenta essencial, a PNL se destaca como uma abordagem que capacita os profissionais do direito a adaptarem sua comunicação de acordo com as preferências e estilos cognitivos de cada indivíduo. Compreender os sistemas representacionais predominantes de clientes, colegas e adversários permite a personalização da mensagem, tornando-a mais impactante e relevante para cada interlocutor.

No relacionamento com clientes, a PNL oferece técnicas que vão além da simples apresentação de argumentos legais. Ela se estende à criação de empatia, ao estabelecimento de rapport e à compreensão profunda das necessidades e preocupações de cada um. Isso não apenas fortalece a relação advogado-cliente, mas também aumenta a confiança e a colaboração mútua.

Nos tribunais e em negociações, a capacidade de se comunicar persuasivamente é crucial. A PNL proporciona ferramentas para criar impacto nas apresentações, ajustando a linguagem e o tom de acordo com as nuances do público-alvo. A habilidade de utilizar estratégias persuasivas baseadas na compreensão dos estilos de pensamento e comunicação de cada pessoa confere uma vantagem significativa na busca por resultados favoráveis.

Além disso, a PNL aprimora a capacidade de lidar com situações de alta pressão e conflitos, mantendo a calma e a clareza mental necessárias para tomar decisões estratégicas. Em um ambiente jurídico dinâmico, a capacidade de se adaptar rapidamente a diferentes contextos e personalidades é um diferencial valioso.

Em suma, para os profissionais do direito, a PNL não é apenas uma ferramenta adicional, mas uma vantagem estratégica na busca pela excelência na comunicação persuasiva. Ao compreender e aplicar os princípios da PNL, advogados e promotores não apenas fortalecem sua eficácia profissional, mas também elevam o nível de confiança, colaboração e obtenção de resultados positivos em sua prática jurídica.

No cenário político, a presença de líderes com uma sólida formação em Programação Neurolinguística (PNL) abre portas para uma comunicação mais eficaz e personalizada. A habilidade de criar propostas, discursos e projetos customizados, que ressoem poderosamente com cada segmento do eleitorado, proporciona uma vantagem estratégica significativa. Ao demonstrar essa capacidade de entender e integrar diferentes perfis, valores e aspirações, os líderes não apenas fortalecem seu apelo junto ao público, mas também reforçam o compromisso em atender às demandas específicas de cada grupo.

A PNL oferece ferramentas valiosas para a personalização da mensagem política. Cada segmento do eleitorado tem suas próprias preocupações, valores e formas preferenciais de receber informações. Líderes políticos que compreendem e aplicam os princípios da PNL podem adaptar sua comunicação para falar diretamente aos interesses e necessidades de diferentes grupos, construindo uma ponte sólida entre suas propostas e as expectativas do eleitorado.

A capacidade de criar empatia e rapport é fundamental na política, e a PNL oferece técnicas específicas para construir conexões emocionais mais profundas com os eleitores. Essa habilidade de conectar-se emocionalmente é um componente vital para a construção de confiança e credibilidade, elementos cruciais para o sucesso político.

Além disso, a PNL capacita líderes políticos a ajustarem sua linguagem e estilo de comunicação para maximizar o impacto em diferentes contextos. Seja em debates, discursos públicos ou interações individuais, a adaptabilidade na comunicação é uma ferramenta valiosa para conquistar a atenção e a simpatia do eleitorado.

Ao integrar a PNL em sua abordagem, líderes políticos podem não apenas criar discursos persuasivos, mas também moldar uma imagem autêntica e alinhada aos valores e expectativas do eleitorado. Isso não apenas aumenta as chances de sucesso nas eleições, mas também contribui para a construção de uma liderança sólida e respeitada.

Na arena política, a PNL não é apenas uma técnica, mas uma estratégia poderosa para líderes que desejam estabelecer uma conexão genuína com o eleitorado e comunicar suas mensagens de forma impactante e eficaz. Esses são apenas alguns exemplos de customização da PNL para alcançar excelência e resultados excepcionais em campos profissionais distintos. As possibilidades são virtualmente ilimitadas, pois os fundamentos de comunicação eficaz, modelagem, rapport e sistemas representacionais se aplicam universalmente para elevar o desempenho humano.

Capítulo 12
Ferramentas Avançadas de Modelagem

Ao adentrar o universo das ferramentas avançadas de modelagem, a técnica de modelagem cross-contexto emerge como uma abordagem desafiadora, porém incrivelmente poderosa. Essa técnica transcende as fronteiras tradicionais ao permitir que princípios e estratégias modeladas em um campo específico sejam adaptados e aplicados em áreas completamente distintas.

A modelagem cross-contexto demanda uma análise profunda para isolar os elementos essenciais que podem ser transportados de um domínio para outro. Ao considerar o exemplo do empresário que modela as estratégias de negociação de um advogado, torna-se fundamental identificar padrões abstratos que transcendam as particularidades de cada profissão. Determinação e foco, por exemplo, são qualidades que podem ser modeladas entre campos diversos, mesmo que as práticas cotidianas variem consideravelmente.

Na jornada de adaptação e aplicação criativa, é crucial compreender que a eficácia da modelagem cross-contexto reside na capacidade de identificar e traduzir princípios fundamentais. A análise aprofundada não se limita à superfície do comportamento observado, mas penetra nas motivações e nas estratégias mentais subjacentes.

O primeiro passo na aplicação da modelagem cross-contexto é selecionar cuidadosamente o modelo de excelência no campo de origem. Esse modelo deve ser alguém que demonstre habilidades ou características que você deseja desenvolver. No exemplo do empresário, o advogado escolhido não apenas se destaca em negociações, mas também incorpora traços de determinação, persuasão e resiliência.

Após a identificação do modelo, o próximo passo é uma análise detalhada de suas ações e comportamentos. Isso envolve observação direta, estudo de casos, entrevistas, e qualquer outra fonte que forneça insights valiosos. O objetivo é entender não apenas o que o modelo faz, mas também o porquê por trás de cada ação.

Ao isolar os princípios-chave, o praticante de PNL pode então iniciar o processo de adaptação. Aqui, a criatividade desempenha um papel crucial, afinal como esses princípios podem ser aplicados de maneira eficaz no novo contexto? O empresário, ao assimilar as estratégias do advogado, deve considerar como incorporar esses métodos nas negociações corporativas, levando em conta as nuances e demandas específicas de seu campo.

A modelagem cross-contexto não apenas amplia a gama de estratégias disponíveis, mas também enriquece a compreensão dos princípios fundamentais que impulsionam a excelência em qualquer domínio. Essa técnica avançada de modelagem não apenas expande as habilidades práticas, mas também fortalece a base teórica da PNL, proporcionando uma visão mais holística e integrada do potencial humano.

Ao avançar nas técnicas avançadas de modelagem, outra dimensão intrigante e enriquecedora se revela: a modelagem de figuras históricas de destaque. Diferentemente da modelagem de indivíduos vivos, essa abordagem envolve a extração de padrões comportamentais e traços psicológicos de personalidades que, embora não mais presentes, deixaram um impacto significativo em seus respectivos campos.

Ao escolher figuras históricas como modelos virtuosos, abre-se uma janela fascinante para o aprendizado. As biografias, relatos de contemporâneos, registros em vídeo e fotografias servem como fontes ricas para a compreensão profunda de como essas personalidades excepcionais operavam em seus contextos específicos.

A modelagem de figuras históricas exige uma abordagem cuidadosa e sistemática. Em vez de se concentrar apenas nos grandes feitos, o praticante de PNL deve buscar padrões de comportamento e traços psicológicos que possam ter impulsionado essas realizações extraordinárias. Por exemplo, ao modelar Albert Einstein, o foco não está apenas na teoria da relatividade, mas na atitude perante desafios, curiosidade incessante, imaginação visionária e uma abordagem única para pensar fora da caixa.

A escolha das figuras históricas para modelagem pode variar amplamente, dependendo dos interesses e objetivos do praticante. Grandes autores, filósofos, líderes políticos e cientistas oferecem uma variedade de perspectivas para exploração. Ao modelar hábitos de escrita, disciplina mental, visão de mundo e abordagens estratégicas dessas personalidades, o praticante pode integrar princípios que elevaram o pensamento deles e aplicar esses aprendizados em sua própria vida.

Uma consideração importante na modelagem de figuras históricas é a contextualização. Entender o ambiente histórico, social e cultural no qual essas personalidades operavam é crucial para interpretar adequadamente suas ações e decisões. A modelagem não se trata apenas de imitar superficialmente, mas de compreender e adaptar os princípios subjacentes ao contexto contemporâneo.

A aplicação prática desses modelos históricos pode se estender a diversas áreas da vida. Um líder empresarial pode modelar a visão estratégica de um grande estadista para orientar decisões cruciais. Um artista pode incorporar a disciplina criativa de um renomado escritor em seu processo criativo. Ao modelar figuras históricas, a PNL oferece uma ponte entre o passado e o presente, proporcionando insights valiosos para aprimorar o desempenho e a perspectiva individual.

Dentro deste contexto a modelagem pessoal no ápice da competência representa um desafio e uma oportunidade únicos dentro do arsenal avançado da Programação Neurolinguística (PNL). Não estamos mais focados em observar e extrair comportamentos de terceiros, mas sim em revisitar nosso próprio passado em busca de momentos em que atingimos o mais alto nível de desempenho em alguma habilidade específica.

Ao empreender essa jornada introspectiva, cada pessoa é convidada a recordar e analisar um momento em que sua performance foi verdadeiramente extraordinária. Pode ser um projeto no trabalho, uma apresentação pública, um desafio esportivo, ou qualquer situação em que tenha alcançado um nível notável de competência.

O primeiro passo nesse processo é identificar claramente o evento específico que serve como ponto focal para a modelagem pessoal. Reflita sobre as circunstâncias, o ambiente, as ações e, o mais crucial, os estados mentais e emocionais que estiveram presentes durante esse período de excepcional habilidade.

A PNL nos ensina a desmembrar esse momento em elementos tangíveis e observáveis. Quais foram os comportamentos específicos que você adotou? Como estava sua linguagem corporal? Quais eram os padrões de pensamento que impulsionavam seu desempenho? Que tipo de diálogo interno manteve naquele momento?

A análise desses componentes permite identificar padrões e estratégias internas que contribuíram para o sucesso. Ao compreender esses elementos, torna-se possível replicar conscientemente esses padrões em diferentes áreas da vida, estimulando um desempenho excepcional.

A modelagem pessoal no auge da competência não é apenas uma viagem nostálgica; é uma estratégia deliberada para ampliar a excelência individual. À medida que você se aprofunda na compreensão de seus próprios estados mentais e emocionais durante um período de destaque, ganha insights valiosos sobre os recursos internos que você possui.

Adicionalmente, esse processo permite reconhecer e ampliar suas próprias capacidades, muitas vezes subestimadas. Você descobre que em momentos de sucesso, voe mobiliza recursos internos, como foco, determinação e criatividade, de maneiras notáveis. A conscientização desses recursos fortalece a autoconfiança e torna possível replicar esses estados de alta performance em situações diversas.

A modelagem pessoal no auge da competência é uma abordagem holística que vai além da simples imitação. Trata-se de uma imersão profunda em sua própria psique, buscando entender não apenas o que fez, mas quem você éra naquele contexto específico. Essa compreensão mais profunda de si se torna um instrumento poderoso para o crescimento contínuo e a busca da excelência em todas as áreas da vida.

Ao encerrar esta jornada pelas ferramentas avançadas de modelagem, é crucial reconhecer que este capítulo fornece apenas um vislumbre das possibilidades que se abrem ao dominar técnicas mais complexas.

A modelagem, como uma prática contínua, transcende as fronteiras do tempo e do espaço. Ao olhar para o passado, estudando aqueles que alcançaram a excelência em diversas áreas, e ao se modelar no auge da própria capacidade, percebemos que a busca pela maestria é uma jornada contínua.

A modelagem, em suas formas mais avançadas, convida à exploração contínua. É um convite para a criatividade, para a adaptação e para a busca incessante de se tornar a melhor versão de si. Cada estratégia modelada, cada insight integrado, é um degrau na escalada para a maestria.

Capítulo 13

Integração da PNL com Outras Abordagens

A Programação Neurolinguística, apesar de seus poderosos insights sobre comunicação, mudança e excelência humana, não precisa ser aplicada de forma isolada. Integrar os fundamentos da PNL com conceitos de outras metodologias frequentemente potencializa os resultados.

A combinação poderosa entre Programação Neurolinguística (PNL) e Design Thinking revela uma sinergia marcante, unindo técnicas poderosas para impulsionar a resolução criativa de problemas e fomentar a inovação. O Design Thinking, conhecido por seu processo estruturado e centrado no ser humano, ganha uma nova dimensão ao ser enriquecido com os princípios e práticas da PNL.

O Design Thinking opera em quatro fases cruciais: imersão, ideação, prototipação e teste. A PNL, por sua vez, aporta uma abordagem específica para compreender e influenciar a mente humana. Vamos explorar como as técnicas da PNL podem ser integradas de maneira profunda em cada fase do Design Thinking.

Na fase de imersão do Design Thinking, a PNL oferece técnicas para uma compreensão mais profunda das experiências e perspectivas das partes interessadas. A utilização de modelos linguísticos da PNL aprimora a capacidade de comunicação, permitindo uma coleta mais rica de insights durante a imersão.

Durante a ideação, a PNL contribui para a ampliação da criatividade e inovação. Técnicas como a ancoragem podem ser aplicadas para acessar estados mentais positivos, estimulando um ambiente propício para o surgimento de ideias inovadoras e soluções criativas.

Ao entrar na fase de prototipação, a PNL oferece uma compreensão mais profunda das necessidades emocionais dos usuários. A identificação e a consideração dos diferentes estilos de representação mental (visual, auditivo, cinestésico) podem ser integradas ao processo de prototipação, assegurando que os produtos ou serviços propostos ressoem com uma variedade de usuários.

A PNL aprimora a fase de teste ao oferecer técnicas para uma comunicação mais eficaz e compreensão das respostas emocionais dos usuários. A calibração da linguagem e a leitura de pistas não verbais são aspectos valiosos que podem ser aplicados para obter feedback significativo e refinado durante os testes. Essa integração entre PNL e Design Thinking não apenas aprimora cada fase do processo, mas também promove uma abordagem mais holística e centrada no ser humano. Ao compreender e influenciar os aspectos cognitivos e emocionais dos envolvidos, essa combinação oferece uma abordagem abrangente para a inovação, resultando em soluções mais alinhadas com as necessidades reais e aspirações das pessoas.

A sinergia entre PNL e Design Thinking representa uma jornada profunda na compreensão da mente humana e na aplicação prática desse entendimento para gerar soluções impactantes e verdadeiramente centradas nas pessoas. Por exemplo, na fase de imersão e entendimento profundo do usuário, as técnicas de rapport, escuta ativa e calibragem ajudam a criar conexões profundas com o público-alvo, revelando necessidades e insights valiosos. Já na ideação, estratégias como modelagem e uso integrado dos sistemas representacionais estimulam o pensamento criativo e multifocal.

Outra abordagem interessante de combinar é a PNL e a Teoria U. A abordagem inovadora de combinar Programação Neurolinguística (PNL) e Teoria U cria uma sinergia poderosa para a jornada de transformação pessoal e organizacional. Vamos explorar o que é a

Teoria U e como ela pode ser enriquecida pela aplicação da PNL em seu ambiente.

A Teoria U, desenvolvida por Otto Scharmer, propõe um processo de mudança em três estágios, Sensação, Presença e Realização. Inicia-se pela suspensão, um estado de abertura para perceber e compreender a realidade sem filtros preconcebidos. É um mergulho profundo na escuta atenta e na observação consciente. Avança para a presença, onde a atenção é direcionada para dentro, explorando a fonte mais profunda de conhecimento e sabedoria. É um estágio de conexão consigo mesmo(a) e com os outros de maneira mais autêntica. Conclui-se com a realização, onde novas ideias e perspectivas são integradas à ação prática. É a fase de prototipagem, experimentação e aprendizado contínuo.

Em ambientes organizacionais, a fase de sensação pode envolver a análise profunda do estado atual da empresa, identificando desafios e oportunidades. A PNL facilita esse processo, aplicando técnicas de ancoragem para acessar estados mentais propícios à reflexão e análise.

Durante a fase de presença, a Teoria U destaca a importância da conexão autêntica. A PNL contribui oferecendo ferramentas como a calibração, que aprimora a compreensão das emoções e estados internos das pessoas, fortalecendo a qualidade das interações e aprofundando a conexão.

Na etapa final, de realização, a PNL entra como uma aliada na expressão efetiva das ideias e na comunicação persuasiva. Técnicas de modelagem e meta modelo linguístico ajudam a dar clareza às visões e a superar possíveis barreiras de comunicação.

A PNL traz uma série de técnicas que enriquecem cada estágio da Teoria U, oferecendo técnicas de ancoragem que podem ser aplicadas para criar estados mentais e emocionais específicos. Essa técnica pode ser útil na fase de sensação, permitindo uma análise mais objetiva e profunda dos desafios enfrentados.

Estas técnicas da PNL complementam poderosamente o processo de sense-making da Teoria U. A modelagem permite identificar padrões de sucesso, enquanto o meta modelo linguístico aprimora a clareza na comunicação, essencial na fase de realização.

A PNL é particularmente eficaz na criação de conexões significativas. A aplicação de técnicas de PNL em todas as fases da Teoria U fortalece a qualidade dessas conexões, promovendo um ambiente de transformação autêntica.

A aplicação conjunta da Teoria U e PNL em contextos de concursos destacam-se na preparação e desempenho. Utilizando técnicas de ancoragem, os candidatos podem criar estados mentais ideais para análise crítica, compreensão profunda dos temas e superação de desafios de estudo.

A PNL contribui para o desenvolvimento da presença durante a preparação e, principalmente, na hora da prova, promovendo foco, clareza mental e controle emocional.

As técnicas de modelagem e meta modelo linguístico da PNL podem ser aplicadas para expressar ideias de maneira assertiva e persuasiva, contribuindo para um desempenho destacado.

Já a integração da PNL com a Psicologia Positiva pode revolucionar processos de autoconhecimento, desenvolvimento pessoal e profissional. A Psicologia Positiva oferece insights sobre identificar e desenvolver forças e virtudes. Combinada com a PNL, essa abordagem se torna ainda mais eficaz, pois a PNL fornece técnicas concretas para modelar, cultivar e ancorar recursos e qualidades.

A convergência entre Programação Neurolinguística (PNL) e Psicologia Positiva oferece um terreno fértil para a revolução nos processos de autoconhecimento e desenvolvimento, tanto pessoal quanto profissional. Ao entendermos a Psicologia Positiva e sua integração com a PNL, desvendamos uma poderosa abordagem para identificar, desenvolver e ancorar forças e virtudes.

Numa visão geral, a Psicologia Positiva, desenvolvida por Martin Seligman, destaca-se por seu foco no estudo do florescimento humano, em contraste com as abordagens tradicionais que priorizam a correção de disfunções. Seu objetivo é entender e promover aspectos positivos da experiência humana, como felicidade, gratidão, otimismo e sentido de vida.

A Psicologia Positiva oferece um olhar atento para as forças e virtudes humanas, buscando identificar e potencializar o que há de melhor em cada pessoa. Ao invés de concentrar-se nas fraquezas, como é comum, essa abordagem destaca o desenvolvimento de características positivas, promovendo uma vida mais significativa e satisfatória.

A união da Psicologia Positiva com a PNL amplifica a eficácia de ambas as abordagens. A PNL fornece as ferramentas concretas necessárias para aplicar os princípios da Psicologia Positiva de maneira prática e tangível.

A PNL é reconhecida por suas técnicas de modelagem, permitindo que indivíduos identifiquem e reproduzam padrões de sucesso. Integrada à Psicologia Positiva, essa modelagem concentra-se em replicar comportamentos, pensamentos e emoções associados às forças e virtudes destacadas pela Psicologia Positiva.

A Psicologia Positiva destaca a importância do cultivo de qualidades positivas enquanto a PNL fornece técnicas práticas para esse cultivo, seja através da visualização criativa, ancoragem de estados emocionais positivos ou programação de metas alinhadas.

A ancoragem, técnica chave da PNL, é aplicada na Psicologia Positiva para ancorar recursos internos. Isso significa associar estados emocionais positivos a estímulos específicos, criando âncoras que podem ser acionadas conscientemente para promover sentimentos de otimismo, resiliência e bem-estar.

Imagine alguém que deseja desenvolver a virtude da gratidão. A Psicologia Positiva orienta a identificação e prática da gratidão. A PNL entra em cena para ancorar esse sentimento de gratidão, associando-o a um gesto físico ou palavra específica. Isso cria uma âncora que pode ser ativada sempre que for necessário acessar conscientemente a experiência de gratidão.

Juntas, PNL e Psicologia Positiva oferecem uma abordagem holística para o desenvolvimento pessoal, considerando não apenas a correção de problemas, mas também o cultivo de forças e virtudes. A PNL traduz os princípios da Psicologia Positiva em ações práticas, tornando mais fácil a aplicação desses conceitos no dia a dia. Ancorando recursos positivos, a combinação PNL e Psicologia Positiva contribui para uma transformação sustentável, fortalecendo estados emocionais positivos de forma duradoura.

Em síntese, a junção entre PNL e Psicologia Positiva representa uma abordagem completa e eficaz para o autodesenvolvimento, capacitando as pessoas a florescerem em direção a uma vida mais plena e realizada.

Outra escola da psicologia que pode se beneficiar da PNL é a abordagem humanista, especialmente o trabalho sobre auto-atualização. Os insights da PNL sobre modelagem, estados mentais produtivos e reestruturação de crenças limitantes complementam o campo da psicologia humanista, fornecendo técnicas objetivas para liberar todo o potencial da pessoa.

A integração entre Programação Neurolinguística (PNL) e a abordagem humanista da psicologia, notadamente o trabalho sobre autoatualização, cria uma sinergia poderosa. A Psicologia Humanista, representada por pensadores como Abraham Maslow e Carl Rogers, destaca o desenvolvimento humano, enfatizando a autorrealização como um dos pilares fundamentais. Essa abordagem busca entender e facilitar o processo de crescimento pessoal, promovendo a expressão plena do potencial humano.

A autoatualização, conceito central na Psicologia Humanista, refere-se à realização plena do potencial individual. É o estado em que uma pessoa está em sintonia consigo mesma, expressando seus talentos, valores e alcançando um senso significativo de propósito na vida. Este é o ápice da jornada de crescimento pessoal.

Um dos princípios fundamentais da PNL, a modelagem, envolve identificar e replicar padrões de sucesso. Na integração com a Psicologia Humanista, a modelagem se torna uma ferramenta valiosa para entender e incorporar os comportamentos e atitudes de indivíduos que alcançaram estados elevados de autoatualização.

A PNL destaca ainda a importância dos estados mentais na influência do comportamento. Na Psicologia Humanista, a promoção de estados mentais produtivos, como confiança, criatividade e autenticidade, é essencial para o processo de autoatualização.

A Psicologia Humanista reconhece a importância das crenças na formação da identidade enquanto PNL oferece ferramentas para a reestruturação de crenças limitantes, permitindo que indivíduos liberem padrões de pensamento que podem estar impedindo seu progresso em direção à autoatualização.

Um exemplo prático da Integração é considerar alguém que deseja alcançar a autoatualização no campo profissional. A Psicologia Humanista orienta a definição de metas alinhadas com valores pessoais e a expressão autêntica de habilidades. A PNL entra em cena para modelar comportamentos de líderes admirados nesse campo, promover estados mentais produtivos como confiança e criar uma mentalidade que desafia crenças limitantes sobre suas capacidades.

A PNL também traz uma abordagem prática e objetiva para os conceitos humanistas, fornecendo técnicas tangíveis para facilitar o processo de autoatualização. Ao integrar a PNL, a Psicologia Humanista torna-se mais dinâmica, potencializando o crescimento pessoal ao oferecer ferramentas específicas para superar obstáculos e promover mudanças positivas.

Esta combinação desbloqueia o potencial completo da pessoa, capacitando-a a transcender limitações autoimpostas e atingir níveis mais elevados de autoexpressão e realização.

Na área do coaching e desenvolvimento pessoal, a PNL traz contribuições interessantes quando combinada com o Coaching Ontológico. A capacitação em escuta profunda, linguagem corporal e questionamento poderoso do Coaching Ontológico se expande com os recursos representacionais, ancoragem e modelagem da PNL. Na esfera do coaching e desenvolvimento pessoal, a sinergia entre Programação Neurolinguística (PNL) e Coaching Ontológico proporciona uma abordagem única e abrangente. Entender o que é o Coaching e o Coaching Ontológico, e como a PNL se integra a essas práticas, destaca-se como uma valiosa estratégia para potencializar o crescimento e o alcance de metas individuais.

O Coaching é uma abordagem focada no desenvolvimento pessoal e profissional, utilizando uma parceria colaborativa entre o coach (profissional) e o coachee (cliente). O processo visa aprimorar habilidades, alcançar metas específicas e promover a autodescoberta. O coach desafia o coachee a encontrar suas próprias soluções, incentivando a autorreflexão e a responsabilidade pelo próprio crescimento.

Já o Coaching Ontológico é uma vertente específica do coaching que se concentra na observação e na compreensão da linguagem, emoções e corpo, considerando o ser humano como uma totalidade. Ele explora como as diferentes maneiras de ser, agir e se comunicar impactam o modo como interpretamos o mundo e enfrentamos desafios.

A PNL traz para o Coaching Ontológico a riqueza dos recursos representacionais, que se referem às diferentes formas como as pessoas codificam e processam informações. Isso inclui os sistemas representacionais predominantes (visual, auditivo, cinestésico) e como essas preferências influenciam a comunicação e a compreensão do mundo.

A PNL introduz as âncoras no contexto do Coaching Ontológico que são utilizadas para criar estados emocionais positivos que auxiliam na superação de desafios e na promoção de uma abordagem mais capacitadora.

Como amplamente discutido a modelagem é uma técnica central da PNL que envolve estudar e replicar padrões de comportamento de pessoas que atingiram excelência em determinada área. No Coaching Ontológico, isso pode ser aplicado para identificar modelos de sucesso em áreas específicas da vida do coachee, oferecendo insights valiosos para aprimoramento pessoal.

O Coaching Ontológico é conhecido por sua ênfase na escuta profunda e no questionamento poderoso. A PNL enriquece essas habilidades ao adicionar a compreensão dos padrões linguísticos e da linguagem corporal, permitindo ao coach identificar nuances e explorar questões de maneira mais eficaz.

A união da PNL com o Coaching Ontológico cria uma abordagem holística, considerando não apenas os aspectos cognitivos, mas também as dimensões emocionais e corporais da experiência humana.

A PNL aprimora a capacidade de comunicação do coach, facilitando uma interação mais eficaz e uma compreensão mais profunda das necessidades e objetivos do coachee.

A PNL fornece ferramentas práticas e tangíveis que podem ser incorporadas ao processo de Coaching Ontológico, possibilitando transformações significativas na percepção e no comportamento do coachee.

Ao integrar a PNL com o Coaching Ontológico, a jornada de desenvolvimento pessoal torna-se mais rica, dinâmica e orientada para resultados palpáveis. Essa aliança poderosa proporciona uma base sólida para a autotransformação e a realização de metas, promovendo um caminho mais consciente e eficaz em direção ao sucesso pessoal e profissional.

Já a integração da PNL com a Programação Transpessoal permite transcender limitações do ego e conectar-se a um sentido expandido de identidade e propósito. Técnicas meditativas e de exploração da consciência da Programação Transpessoal se beneficiam dos insights linguísticos e comunicacionais da PNL.

A fusão entre a Programação Neurolinguística (PNL) e a Programação Transpessoal oferece uma abordagem única para transcender as limitações do ego, explorar estados de consciência expandida e conectar-se a um propósito mais amplo na jornada pessoal. Essa integração potencializa técnicas meditativas e de exploração da consciência, enriquecendo-as com os insights linguísticos e comunicacionais da PNL.

A Programação Transpessoal é uma abordagem que vai além do indivíduo e explora dimensões mais profundas da consciência. Ela reconhece a existência de estados de consciência que transcendem a noção convencional de ego, buscando compreender a espiritualidade, a conexão com o universo e a busca por significado na existência.

A PNL oferece ferramentas para identificar e reestruturar padrões limitantes do ego, permitindo uma transição mais fluida para estados de consciência transpessoais. Técnicas de modelagem podem ser aplicadas para incorporar padrões de pensamento mais expansivos.

Ao integrar a PNL, focada na definição clara de metas e objetivos, com a Programação Transpessoal, é possível explorar e alinhar essas metas a um propósito mais elevado. Isso adiciona uma dimensão mais profunda à definição de objetivos, conectando-os a um significado transcendental.

A PNL, com sua compreensão da linguagem interna e externa, contribui para técnicas meditativas ao facilitar a focalização da mente e a gestão de estados emocionais. A ancoragem pode ser integrada à meditação para criar associações positivas e estados meditativos mais acessíveis.

As técnicas de exploração da consciência da Programação Transpessoal se beneficiam dos insights linguísticos e comunicacionais da PNL que auxiliam na articulação e compreensão das experiências transpessoais tornando-as mais acessíveis à expressão verbal e à integração na vida cotidiana.

A Programação Transpessoal propõe uma ampliação da identidade além do eu individual. A PNL contribui ao fornecer ferramentas para explorar e comunicar essa expansão identitária, facilitando uma integração mais suave dessas experiências em diferentes contextos.

A combinação permite uma maior clareza na definição de metas e objetivos, alinhando-os a um propósito mais profundo, o que resulta em um foco mais direcionado nas ações diárias.

A fusão dessas abordagens promove uma transformação pessoal profunda, pois não apenas lida com aspectos práticos e objetivos, mas também mergulha nas dimensões mais sutis da consciência e do propósito.

A PNL facilita a integração consciente das experiências transpessoais na vida diária, tornando-as menos abstratas e mais aplicáveis em diversos aspectos da existência, a união dessas abordagens proporciona um caminho para o desenvolvimento espiritual e pessoal mais holístico, integrando práticas que promovem crescimento tanto prático quanto transcendental.

Ao integrar a PNL com a Programação Transpessoal, cria-se um caminho para a expansão da consciência, a busca de propósito e a transformação pessoal, combinando o pragmatismo da PNL com a profundidade espiritual da Programação Transpessoal. Essa aliança poderosa oferece uma jornada única em direção à autoconsciência e ao enriquecimento da experiência humana.

As possibilidades são infinitas. Ao manter uma mentalidade integradora e adaptativa, você pode combinar os pontos fortes da PNL com ferramentas de várias outras abordagens relevantes ao contexto específico. É uma excelente maneira de expandir os horizontes e enriquecer os processos de comunicação, aprendizado, mudança e crescimento pessoal.

Milton Keynes UK
Ingram Content Group UK Ltd.
UKHW010934221123
433051UK00001B/87